破框與深根

下世代公共媒體的想像與實踐

胡元輝——著

感謝公廣集團董事、監察人、經管團隊與所有同仁共同
成就一個追求美好的力量！

出版緣起

為優質新聞與傑出記者而努力

蕭新煌（卓越新聞獎基金會第二屆董事長）

卓越新聞獎基金會是為了肯定和獎勵優秀新聞記者而成立的。

新聞記者此一專業的特殊性，在於一個記者不論隸屬於哪個媒體，或擅長哪種路線，都應該是秉持報導事實真相、維護社會公益的前提去進行每日的新聞工作。記者不該只是一種謀生的職業，它頂著民主社會第四權的冠冕，又揭櫫言論自由的崇高價值，再加上自主性極強的作業方式，讓記者行業經常充滿個人主義色彩，有時又帶一點英雄主義氣質。

相較於學者專注與知識體系對話，記者較了解如何與社會大眾溝通。又由於經常站在重大事件的現場，他們必須目睹真相，見證歷史。在他們深入淺出、肌理生動的筆觸下，影響人類歷史的重大事件或關鍵人物，乃躍然紙上，栩栩如生。無怪乎在許多西方國家，最受歡迎的歷史人物傳記，往往出自於有新聞工作背景者之手。

當前臺灣的媒體環境實在令人很不滿意，不但有過於追逐市場、短視近利的經營心態，又缺少身為社會公器的組織自覺。一些優秀的新聞從業人員，在一開始有著滿腔熱情，卻囿於大環境，終究無法施展抱負，而挫折失望。

卓越新聞獎書系的出版計劃，就是為了鼓勵那些有志新聞專業，始終不放棄理想的傑出的資深記者，能將多年來在工作中的見聞和心得，經有系統的分析、整理後，以專書出現。這一書系的出版目的一則是要彌補報紙、雜誌或因篇幅有限，或因市場考量，所造成的題材限制；二則強調對特具意義的議題能有論述、剖析的深度與廣度。

此外，我們也希望引介國外優秀的新聞作品，讓他山之石作為本土借鏡，透過精良的譯筆，讓國內實務新聞工作者，及有志入行的傳播科系學生，也能有見賢思齊的機會。

今日的新聞，有可能是明日的歷史。新聞記者想做第一線的歷史記錄者，其工作品質的良窳，乃直接影響公眾耳目的清暗和善惡判斷。如果此一書系的出版，對臺灣記者的專業品質、工作經驗累積，以及工作成果發表能有貢獻，那我們的努力便沒有白費。

目錄

輯❷ 戲劇造流／九三

輯❸ 新聞引航／一六三

輯❹ 數位轉型／二一一

附錄／三〇七

自序

公廣集團與大眾的距離有多大？

二〇二二年三月，因為猛爆性肝炎，時在中正大學任教的我，進了台大醫院急診處。入院當晚，總醫師告知，我可能面臨肝昏迷、肝移植或肝指數好轉三種情況，並要我有心理準備。幸運的，在醫生要開始做肝移植的前置作業時，爆衝的肝指數開始回轉，在醫院住了兩個多星期之後，我終於可以回家休養了。

同年五月，我回學校恢復授課。未料，已延宕兩年多的公共電視新屆董監事審查會議開始復審，而且順利通過第二批名單，達到法定董監事會組成員額的下限。我是第一批通過的董事候選人，經重新思考後，決定就任董事，並且競選董事長職務。人生道路誠非自己可以完全掌握，如果公視董事會換屆改組的時間提前一點，病中的我就不會到公視服務，人生自然又是另一番風景了。

公視董監事每屆任期為三年，且須經立法院依政黨席次比例推派的審查委員會以四分之三多數通過。我在二〇一九年九月二日獲行政院長提名為董事，並於七天之後，獲審查委員會投票通過，但最終竟然是在前屆董事會延長兩年七個多月（九百五十七天）任期之後，方完成換屆改組作業。此一在其他國家難以想像的選任過程，正具體而微的反映出台灣公共媒體的「不正常」處境。

儘管我國公視身處於不夠成熟的政治、社會環境之中，而且自己也才大病初癒，但我仍決定辭去教職，競選專職的董事長職務，因為我真心相信：開展公共對話、追求公共利益的公共媒體，是國家邁向理想未來的重要助力及必要投資。我希望在退休之前，還有機會貢獻一點心力，以下世代公共媒體的美好想像為藍圖，讓公視長得更高一點、更壯一些。謝謝所有公視董事們的支持，讓我的服務心願不僅可以實現，而且從當選董事長的二〇二二年五月二十日開始，一路拚了三年。

二〇〇五至二〇〇七的三年間，我曾在公視擔任總經理；二〇〇九年到中正大學傳播學系任教之後，我在研究所開了一堂專門探討公共媒體及公民媒體的課。這些機緣一方面讓我與公視建立了深切的感情，另方面也提升了我對公共媒體價值的理解。不過，距離首次在公視服務已相隔逾十四年，歷經不同階段的治理，公視的組織人事與工作任務皆有變化，更重要的是，台灣社會對公廣集團已有新階段的期待。

因此，我決定走一條不一樣的路。公共電視法規定，董事長係由董事互選產生，久而久之，形成董事會內部的「封閉式」選舉政治，社會無由得知，亦無從參與，與公視屬於國民全體的精神有違。基於此一認知，我乃公開宣布參選董事長，並公布「競選政見」，希望從競選董事長開始即能「破框」，改變社會對公視的既定形象認知，並為新階段公視組織文化的塑造發出第一個訊號。

三年來，我和董監事會的成員們、經管團隊，以及所有同仁，從確認公廣集團的願景、目標，到提出具體年度計劃、行動方案，一步一步尋求成長與突破，其中有掌聲、歡呼，亦有挫折、淚水。毫無疑問，成效如何皆需接受社會公評，但其間經歷與省思或許值得留下紀錄，以資自我惕勵，並供後來者參考。這是我決定出版這本小書的主要原因。

除了幾篇特別為本書所撰寫的文章，譬如分析公共媒體時代意涵、公共化商業電視發展路向，以及公共媒體國際傳播生態等的「導言式」文章之外，本書其餘篇章多係三年來在不同媒體、出版品及個人臉書撰文的彙集與整理。由於三年時間不算短，加上本屆董事會想要「翻轉」的層面頗為開闊，因此，這些文章恰好涵蓋公共媒體的多個面向。有心想瞭解公共電視樣態及近況的讀者，固然可以藉此窺其梗概，對於有意探究公共媒體運作理則及存在意義的人來說，相信也會有所助益才對。讓這本書不只是一個過程的紀錄，而且能夠成為一般人理解公共媒體的媒體素養讀物，乃是我編撰這本書背後的小小「企圖」。

本書文章概分為公視創新、戲劇造流、新聞引航、數位轉型、華視維新與國際連結等六輯，類別之間並非涇渭分明，僅藉以突顯重要議題而已。同樣的，各輯文章屬性不一，從競選董事長的政見、參與活動的發言、推動變革的心情到爭議問題的探討等等，率皆包含其中。不過，匯集成書時，都做了必要改寫，以利閱讀，例如將時間序予以調整，更新後續發展狀態，增補相關案例或資料等。此外，本書特別將個人多年前關於公共媒體的 TED 演講文字稿，以及公廣集團本屆董事會的三年營運成果報告表列為附錄，謹供讀者參考。

「公廣集團與大眾的距離有多大？」這是我在工作、教學或與朋友聚會時，不時會旁敲側擊，尋求解答的課題。有時感覺雙邊距離很近，被問者對公廣集團所製作的內容或服務具有高度興致，且引發熱烈討論；有時則有疏遠之感，不僅對我所提及的公廣集團節目或是活動感到陌生，甚至對於相關議題的討論也興趣缺缺。公廣集團作為一個為大眾服務，以公共利益為追求目標的媒體，如果與大眾的距離過於遙遠，其存在價值顯然堪慮，反之，則在大眾心目中具有不可取代的價值，令人鼓舞。

有心的讀者在瀏覽本書文章時當可發現，我與同仁這些年來的努力目標，就是希望「拉近」公廣集團與大眾的距離，而「破框」與「深根」則是我試圖拉近彼此距離時的兩大策略思維。任何組織經久即容易僵化，習以既有框架及制式作為向前邁進，其結果既難以開拓服務範圍，強化營運績效，更無法因應快速變遷的環境，必得「破框」方能開創新局，獲取大眾的永續認同。其次，公共媒體與商業媒體的關鍵差異在於看待閱聽眾的方式，前者視閱聽眾為多元公眾，必須盡力滿足多元需求，並且提供作為公民所需的共通資訊；相對的，後者只需要爭取足以獲取利潤的消費者青睞即可。是以，「深根」包含草根在內的多元公眾，並推動彼此的對話與交流，乃公共媒體取得穩固社會支持的不二法門。

人生路上本即悲喜交加、甘苦兼具，但沒有悲，如何感覺喜；失去苦，又怎能體會甘。悲、喜、甘、苦，常心以對，都是好風景。個人在公視服務的三年，如同人生其他階段的旅程，一樣都是風景無限，願與大家分享沿路的好風景，就當是聆聽一首貝多芬的「命運交響曲」（第五號交響曲）吧：當命運來敲門的時候，只能把握契機、全力以赴。如果讀者能夠從閱讀本書文章中聽到一點拒絕現狀、追求夢想的樂音，於願已足。

導言

公視必須成為數位公地的深根植物

在台灣，公共電視有一群忠誠的支持者，他們不一定對公共電視的所有表現都感到滿意，但是他們堅定認為台灣需要有一個強而有力的公共媒體，而公共電視是承載這項任務的最適機制，或者不可或缺的媒體型態。

但是，台灣同樣有一群為數不少的閱聽眾沒有看過或很少收看公共電視。在他們的眼中，公共電視可有可無，即使消失了，對他們的生活也沒有什麼影響。這類群體從公共電視不怎麼高的平均收視率，或是社會大眾平常的言談中，應該都可以感受到他們的存在。

台灣是公共電視的「後進國家」

這兩種群體同時存在，並不奇特。特別是像我們這種公共電視的「後進國家」，也就是商業電視已經蓬勃發展之後才決定建立公共電視的國家，很容易出現此類現象。畢竟閱聽眾已經習慣商業媒體的操作手法，意在彌補商業電視不足或矯正商業電視缺失的公共電視，並不容易贏得廣大閱聽眾的青睞。同為公共電視「後進國」的美國，其遍布全美的公共電視系統只有3% 左右的市場佔有率，可以說是最具代表性的案例。

當然，兩種群體之外，閱聽眾對於公共媒體的意義與價值尚存在各種不同類型的認知。即使如此，根據調查，台灣閱聽眾多數知道公共電視的存在，也多半感受到公共電視存在一些「正面功能」，例如金鐘獎頒獎的時候，社會大眾會聽到公共電視節目大量入圍與獲獎的訊息；公廣集團針對特定、少數或弱勢族群的服務，亦為相關族群高度依賴的視聽來源。

或許，有必要先做個名詞說明。在台灣廣泛使用的「公共電視」（Public Television），其實在其他國家多稱為「公共廣電」（Public Broadcasting），因為他們同時經營廣播與電視。歐洲國家還特別喜歡使用「公共服務廣電」（Public Service Broadcasting）這個名詞，來強調此類媒體的公共服務任務。特殊的是，歐洲公共廣電組織的營運費用主要來自閱聽眾直接付費，我國及若干國家公視營運經費的來源，則是由政府編列預算予以捐助。

不過，全球已逐漸使用「公共媒體」（Public Media）或「公共服務媒體」（Public Service Media）來稱呼一九二〇年代源起於歐洲並逐漸發展成型的傳統公共廣電，因為它們的服務方式已不再侷限於傳統的廣播與電視。在數位世界日益成為民眾活動與生活的重要場域時，公共廣電勢必要向數位領域延伸，提供各式各樣的數位服務。

至於「台灣公廣集團」（Taiwan Broadcasting System）的稱呼，則是我國公共服務媒體的自我總稱，目前包括公視基金會轄下的公視（含小公視）、客家台、台語台及國際英語平台TaiwanPlus，主要經費來自於政府預算的捐贈，並以財團法人形式運營。此外，公廣集團還包含公視基金會目前持有約83%股份的華視，後者在法律上被定位為公共化的無線電視事業，在實質上則是必須自給自足，不仰賴政府預算捐助的商營公司。

公共媒體的定義未必僅僅意謂由國家預算編列或人民直接付費的媒體型態，有時會被更廣義的使用於各類型具有公共精神的媒體形式。例如服膺公共價值的非營利媒體，或是一些致力追求公共利益的商業媒體，甚至，更寬泛的指涉媒體處理和動員公眾的計劃及行為。就此而言，即使是商業媒體、公民媒體，若能增加公眾知識、凝聚和動員閱聽人，都可以納入公共媒體的範疇。

面向數位時代的公共媒體

本書所要交流、探討的公共媒體，係指公共廣電（台灣目前所習稱的公共電視與公廣集團）在數位時代所延展、轉型的媒體型態。事實上，全球公共廣電歷經近二、三十年來的挑戰與變革，皆已「向數位轉」，逐步轉型為全平台與全媒體服務的公共媒體，我國公視或公廣集團亦不例外。

公共廣電為何要「向數位轉」？當然不只是「求生存」的策略選擇而已，更重要的是，公共媒體在數位時代不僅有它不可取代的存在價值，而且價值還有增無減。數位時代的來臨確實顛覆了傳統的傳播生態系統，其中最具關鍵性的轉變，就是閱聽人的媒體使用行為從被動轉為主動，以致內容選擇的數量巨幅增加，社會參與的機會亦大大提升，有些人因此認為不再需要公共媒體來提供內容，促進參與。但上述「選擇多」與「參與多」的說法既通不過理論的辨證，亦禁不起現實的考驗，允為典型的「迷思」。

先來探討一下「選擇多的迷思」。數位時代最大的表徵之一，確實是大眾產製內容的勃興。拜數位工具之賜，個人媒體、自媒體蓬勃發展，每個人都可以是新聞記者或內容創作者，而且所製作的資訊與內容可以自力傳播、自行分享，不需透過大眾媒體或專職工作者作為「中間人」，形成所謂「大眾自我傳播」的生態系統。其實，也不僅「業餘者」產製內容爆量累增，各類型「專業者」所生產的內容亦以等比級數增加，以致數位世界呈現海量內容，一般大眾則面臨資訊超載狀態。

但，我們的選擇真的增加了嗎？許多人抱怨，海量內容出現單一化、同質化的趨勢，甚至充斥所謂劣質內容、垃圾資訊。表面而言，每個人確實擁有諸多平台、諸多管道可以觸及各式各樣的內容，但一方面，這些平台及管道在商業邏輯的引導下，不斷提供我們感官化、趨同化的內容；另方面，許多不具「賣點」或不能產生足夠「利潤」的內容則乏人問津，造成使用者的內容偏食現象；三方面，良莠不齊、真假不一的海量內容，猶大幅增加了我們內容選擇與辨識的困難。

其次，再來分析「參與多的迷思」。民主政治崇尚社會參與，希望大眾能夠透過公共事務的參與，理解社會、關心社會，進而共同決定自己的未來。數位傳播時代確實為大眾提供較諸以往更為開闊的參與方式，無論是在網路上分享自己的見聞，表達自己的看法，或是進行彼此意見的對話與辯論，乃至經由共識的凝聚，發展出改變現狀的策略與行動，都是數位參與可以為公共生活及民主運作帶來的機會。

遺憾的是，儘管數位科技推陳出新，但數位參與並沒有為我們帶來完全正面的效應。網路上的參與出現許多聳動、仇恨、霸凌、剝削、不實的言論，彼此抹黑、相互攻詰。甚至，所謂的參與也往往淪為純粹的「鍵盤參與」，缺乏實質而有意義的後續行動。因此，數位科技儘管為人類帶來更多交流與互動的機會，但並沒有應許一個真正平等、理性、透明、負責的數位公共空間，所謂「數位烏托邦」的想像並未實現、並非真實。

數位科技給人類社會帶來的影響，當然不都是負面作用；人類社會對數位科技的運用，也已經是不可逆轉。但數位科技所帶來的負面性顯然需要予以矯治，數位社會雖然不可逆轉，卻有必要激發數位科技所具有的正面潛能。傳統的公共電視以公共服務為基本準則，以助成知情社會及成熟民主為宗旨，服務對象不分族群、性別、年齡、黨派，致力提供社會大眾正確、公正、多元、優質的資訊及各類型內容，在「選擇多」及「參與多」並不真正存在的數位時代，更顯示出不可取代的重要性。

數位時代的傳播生態不僅會出現「選擇多」與「參與多」的迷思，更麻煩的是，如果不能善用數位科技所賦予的正面潛能，整個社會甚至可能陷入離散、分歧、疏離、冷漠的溝通困境。民主社會一方面需要尊重個體的差異，另一方面亦需要凝聚整體的共識。但許多研究都發現，數位社會容易分割大眾，孤立小眾，形成眾多破碎的分眾，以致難以凝聚社會共識，整合大眾意志。致力開展公共對話、建構數位公地（Digital Commons）的公共媒體，已被認為是克服此一困境的重要機制。

台灣獨特脈絡下的挑戰與責任

相對於民主先進國家的公共媒體發展史，我國公共電視不僅成立時間晚，而且營運資源也相對稀薄。更為特殊的是，一九九六年，台灣舉行首次總統選舉，兩年之後的一九九八年，公視正式開播，具體顯示，台灣的公共電視其實是與台灣民主政治共同起步、並肩而行。相較於歐美國家的公共廣電是在民主制度已運作多年之後方才建立，台灣的公共電視似乎會面對更多來自政治領域的挑戰。

台灣公共電視的誕生確實與公民社會及學術界的推動有關，即使如此，從整體環境來看，台灣公視仍是台灣民主的造物，而非自然生長而成，也因此受政治的牽引勢必甚大。公媒與政治之間這種微妙而敏感的「共伴效應」，如果處理不慎，便可能產生致災性的後果。畢竟公視追求的獨立自主與政治力量遵循的控制邏輯並不相同，兩者之間缺乏促進彼此關係的「接近性效應」（Propinquity Effect），一不小心，就有可能擦槍走火。

政治力、公民社會與媒體，在民主運作之中，各有角色，各具其責，亦相互制衡。媒體無法脫離政治而存在，亦為政治的進步而存在。其中，被賦予建構公共領域重責的公共媒體，尤須擔負更為吃重的媒體角色。數位時代的到來雖使傳統的公共領域功能為之減弱，但致力建構數位公地的數位公共領域反而益形重要。進入數位時代的憲政民主體制，若無成熟的數位公共領域作為支撐，數位民主的品質勢必堪慮。

從公共媒體與政治力的關係來看，難以迴避政治的台灣公共媒體，雖然因爲缺乏成熟民主文化的支撐，必須面對更多來自政治領域的挑戰。但公共媒體在培育成熟民主文化、建構公共領域的角色上，亦承擔更為重要的責任。我國公視成立迄今，曾面對多次政治力的衝擊，每一次衝擊其實既是試煉，也是鍛鍊。所幸，已發展成集團的公視並未在衝擊中仆倒，反而益發壯大，正反映出公共媒體在數位時代無可取代的價值與功能。

從公共媒體與公民社會的關係來看，儘管台灣民主的歷史短淺，但台灣的公民社會在公視形成及發展的過程中仍然給了相當的助力，特別是在遭逢政治力量的不當壓力或介入時，公民社會能夠挺身而出，實屬珍貴。不過，台灣公民社會仍在發展之中，公視與整體公民社會其實是在同步成長的道路上，同樣的，公視一方面肩負培育成熟公民社會的責任，另方面也需要深耕草根，方能傾聽來自草根大眾的聲音，並共同面對來自政治領域的挑戰。

台灣公視所處的政治與社會脈絡迴異於其他民主國家，從某個角度來說，台灣公共媒體的發展之路亦顯得更為崎嶇而艱辛。但挑戰之所在亦為希望之所繫，公視必須一步一腳印，化所有挑戰為成長的動力，努力從「淺根植物」發展成穩穩著地，根深柢固，擁有強大根系的「深根植物」！邁入數位時代的今天，公視更必須致力成為數位公地的深根植物！

輯 1

公視創新

1.1

改變就從董事長選舉開始！

參選公視董事長公開聲明

新一屆公視董監事提名人選完成審查之後，不少友人鼓勵我參選董事長，也有一些媒體就此問題詢問我。經過慎重評估，個人要在這裡向大家報告：我已決定參選！

對我而言，決定參選公視董事長並不是隨興之舉，畢竟這項工作有其重要的任務必須實踐，有其重要的價值必須護持，必得認真考量自己是否能夠勝任？是否能夠不負此項職務的職責所在與社會期待？

特別是公廣集團目前遭遇不少問題，備受各界關注或質疑。找出問題，進行改革，不僅是項挑戰，亦必須承受隨之而來的壓力。但事業體若不能面對問題，主事者若不願有所承擔，必被社會所淘汰。何況，我相信公廣集團的同仁與我一樣，都希望所服務的事業能夠得到社會肯定，也都認為公廣集團的治理應遵循專業原則，彰顯公共精神。

從許多角度來看，我國的公共媒體正面臨關鍵的發展階段，需要重拾社會的信賴，並開展時代的任務。公廣集團未來的挑戰必多，社會對董事長職務的期待必高，參選的決定代表自己已在一定程度上做好準備，並願做出許諾，希望一己之力能夠有助於我國公共媒體的發展與提升。

十餘年前，曾經在公視擔任總經理職務，深知公共媒體在台灣傳播生態發展上的重要性。近十餘年來在大學任教，並持續開設公共媒體課程，更有感於公共媒體在台灣與時俱進的必要性。但公共媒體之所以為公共媒體，就在於它的公開與透明，基於上述體認，我因此決定：改變就從董事長選舉開始，要將個人的參選決定事先公告，並接受社會檢驗。

向大家報告，我已開始拜訪董事，說明個人對公廣集團治理的基本想法，並交流彼此的看法。公視法賦予董事會決定公視營運方針等職掌，我也會在互選董事長的會議上，向董事們進一步提出個人經營理念的報告，以尋求支持，並接受指教。當然，在選舉投票之前，尤須認真傾聽各方的意見，因為以公共服務為宗旨的公視乃國民的公視，非公視人的公視，更非董事長的公視。

公視屬於「國民全體」，所有董監事都是承受社會的付託而來，董事長雖綜理董事會會務，實則係執行董事會務的服務工作，必得尊重異見，凝聚眾志，方能實現法律對公視的規範及社會對公視的期待。這是個人對董事長職務的體認，也是個人參選心志的宣示。

秉持初心，全力以赴。請大家不吝給我指教。

（二〇二二年五月十七日）

1.2

感動國民、躍動國際

公視董事長競選政見

無論是教學、研究，或是在傳播實務界服務，個人始終相信，公共媒體可以是引領社會向前邁進的堅實力量，我國應擴大公共媒體的規模與能量，為社會做出更多與更大的服務。今天能夠有機會到公視擔任董事，並決心參選董事長，理由無他，就是希望與所有董監事共同攜手，讓公廣集團成為台灣邁向更好社會的堅定支柱。

過去一段時間，公廣集團出現一些風雨，毫無疑問，其中有組織內部的問題，也必定影響社會對公共媒體的信心，必須好好檢討，方能取得社會信賴。但我們也不必因此而感到沮喪，事在人為，只要方向正確、態度懇切，並願意認真實踐、全力以赴，相信公廣集團必能為台灣社會做出更大的貢獻。

若然，我們必須努力的方向在哪？公共媒體最基本的價值就在於「公共」，此所以公視法第十一條明言：「公共電視屬於國民全體，其經營應獨立自主，不受干涉。」公廣集團一旦喪失公共精神，即喪失其存在價值，此為集團經營者不可或忘者。奠基於此一基本價值，個人以為，公廣集團未來三年應以「感動國民、躍動國際」為其努力的兩大目標。

感動國民：深耕國人日常，贏得國民認同

如果國人對於公廣集團的存在沒有任何感覺，對於它所提供的內容與服務也都興趣缺缺或評價泛泛，要大家支持或關心公共媒體，豈非緣木求魚。因此，我們必須多方努力，讓國人時時刻刻感受到「有公廣集團真好」，它所提供的內容或服務就是不一樣，沒有了它，生活就少了許多精彩或快樂。為了達到這個目標，我們的努力重點至少有以下數端：

- **影視產業的活水：**公廣集團多年來以高品質的娛樂節目，特別是戲劇節目，引領台灣影視產業的發展。未來無論內容的自製、委製或合製、投資，應持續以創意、多元的方式扮演活水角色，帶動台灣影視產業走出自己的路，並且耀眼國際。
- **新聞事業的標竿：**新聞為民主政治的基石，面對當前令人詬病的新聞生態，各界莫不期待公廣集團能夠成為新聞的標竿。未來應大幅擴增新聞製作的資源，重建新聞頻道的公共精神與專業品牌，並透過良好的組織運作，引導整體新聞生態的向上提升。

- **數位服務的先驅**：在公共電視已轉型為公共媒體的今天，各國公視莫不在數位領域提供新的服務，推動新的實驗。公廣集團未來應更積極推動數位轉型，以符合新時代需求的組織運作及資源配置，開展多頻道、多媒體、多平台的數位服務，並結合各方資源，打造台灣第一品牌的OTT平台，以滿足不同世代的需求，實現公共媒體在新時代的普及性任務。

- **族群服務的典範**：台灣屬於多元族群的社會，各國公共媒體亦以多元族群的服務為其職責。我國公廣集團在既有的原住民、客家族群服務之外，近年來已陸續建置台語台、製播東南亞語新聞，開展全方位的族群服務。未來應結合社會資源、開拓傳播管道、創新服務形式、紮實支持機制，讓族群服務更為深入與周延。其中，台語台、新住民服務如何透過制度化的運作，以奠定永續發展的根基，乃現階段必須努力的重要課題。

躍動國際：穿透國際經絡，演繹台灣故事

數位傳播的發展與國際形勢的推演，不只讓台灣日益受到國際矚目，更是台灣推動國際傳播與交流的絕佳機會。各國公視率皆承擔國際傳播任務，我國公廣集團尤不應置身事外。讓世界走進來，讓台灣走出去，專業且創造性的對外演繹台灣精彩的故事，是公廣集團國際傳播任

務的履踐，也是台灣影視內容產業推展國際交流的有力憑藉。

- **穩固建構國際影音平台：**國際影音平台 TaiwanPlus 在前期建置與奠基之後，業經文化部與前屆公視董事會協商，決議由公廣集團承接該項計劃，以期穩固永續經營的基礎。未來應結合公廣集團內部資源，並攜手外部相關產業，將 TaiwanPlus 經營為台灣推動國際交流、國際理解台灣觀點的第一品牌，並藉而讓台灣影視內容行銷全球。
- **多元推動國際公媒合作：**全球公共電視所形成的國際網絡，為台灣廣電業者少數能夠自主參與的國際活動，我國公視自成立以來即參與其中，係我國少數能夠活絡連結的國際社群。未來除延續既有的國際參與之外，可以透過內容交流、活動合辦等多元形式，更為積極的連結國際公共媒體，例如推動中、東歐友我國家公共媒體之交流，發展美國地方公媒的合作，或是亞洲地區乃至全球具公共精神媒體間的串連等。

組織再造：重塑公廣新文化，成就員工光榮感

要達成上述兩個營運方向，顯然必須依賴一個能夠實現目標的組織。就此而言，推動組織再造，重塑組織文化，將是我們必須重視的課題。唯有同仁們都能以身為公廣人為榮，都能認

同公共媒體的使命與價值，公廣集團才能成為引領台灣傳播生態、影視產業向前邁進的活水、標竿或火車頭。

具體而言，個人以為未來組織再造的課題至少包括如何全面迎向新傳播生態的數位轉型工程；如何深度落實「國民公視」的公眾參與機制；如何激發創新與活力的組織文化變革；如何凝聚社會各類型公共服務事業的公共價值聯盟；以及攸關集團未來營運發展的華視資產活化等。這些課題無一輕鬆，也無一不需面對挑戰，但擱置不做，就不可能實現公廣集團的使命與任務。

推動修法：建立公共媒體永續發展的法制基礎

不可諱言，組織再造的工程與公共電視法的修法作業密切相關，因此未來董事會尚需與社會關心公共媒體發展的有心人士共同協力，推動公視法儘速且妥善的完成修法，讓公廣集團的發展能夠建立在穩固的法制基礎之上。

公共電視自一九九八年開播，如今已歷經六屆董監事會。我們要深深感謝前人所做出的貢獻，亦必須虛心檢視不符社會期待的做法。就像接力賽一樣，每個接棒者都必然有所承續，亦肩負超越的責任。董事長是個服務的工作，個人若有機會擔任董事長，必定以服務的精神主持董事會，凝聚眾智，尊重異見，也希望在各位董事的認同與支持下，一起來展現公廣集團的價值與力量。

公共媒體的存在源自於國民的協定，希望透過公共媒體的運作帶來生活的美好，實現共好的社會。相對的，唯有大眾感受到公視是「我的公視」，是日常生活中不可或缺的伴侶，是連結國際無可取代的橋梁，公視的存在才有價值與意義。感動國民、躍動國際，展現公共媒體的價值與力量，是個人對公廣集團現階段工作方向的體認，也是個人決定參選董事長的心志與許諾，請大家不吝給予指教。

（二〇二二年五月二十日）

1.3

那美好的仗！

公視使命、三年目標及策略方針

有個廣告詞很經典：好東西要和好朋友分享！公視，或者更完整的說，公共廣播電視集團是個好東西，當然要將它的新發展向公視的好朋友們分享。

二〇〇五至二〇〇七年，我在公視擔任總經理，任內辦理公共廣播電視集團的組建，設立新媒體部，並舉辦二〇〇六國際公視大展 INPUT，積極推動公視的集團化、數位化與國際化。離任時，心中默想：「那美好的仗，我已打過。」

我不是基督徒，但這句話在我的人生旅程中，一直是個座右銘，勉勵我在每個工作崗位上秉持初心、全力以赴。我本來想，公視之後的職場生涯，就是在教育工作上打一場美好的仗，未料去（二〇二二）年五月決定重回公共媒體服務，起心動念卻是「那美好的仗，我未打完」。

其實參與公共媒體的「美好之仗」，並不只是我個人的想法。所有董監事與公廣集團的同仁都想要讓集團更上一層樓，在台灣發光，在國際發熱。經過仔細的討論，董事會於二〇二二年十一月通過了公廣集團新一階段的目標與策略，也就是我們在未來三年所要進行的「美好之仗」。此處先向大家報告其中兩場正在進行的戰役。

第一場戰役是「轉型之仗」，亦即公視乃至公廣集團的數位轉型。二〇二三年一月，公視成立數位內容部，通過增列一億五千萬元經費投入全方位的數位服務，致力將「公視＋」發展成國人最常使用的本土OTT影音平台。我們相信，公廣集團的數位轉型可以擴大公共服務的範圍，實踐公共媒體的普及性原則，並且成為國內電視產業數位轉型的參考範例。

第二場戰役則是公共電視法的「修法之仗」。公視集團化已逾十六年，數位傳播科技亦日新月異，現行公視法早已左支右絀，難以因應。董事會日前已提出公視法的修法政策建議書，並獲得文化部的高度認同。我們深切期望能藉由修法穩固公廣集團發展的法制基礎，進一步以具標竿及火車頭效應的公共媒體，促進傳播生態及影視產業的健全成長。

公共媒體已經在許多國家的實踐中被證明是「追求美好的力量」，相信我們會在「感動國民、躍動國際」的願景下，向國人交出一張負責任的成績單！

（本文原刊於《公視之友》二〇二三年四月刊）

附註：每屆公視董事會組成之後，皆會制定未來三年任期的使命、目標及策略方針。第七屆董事會於二〇二二年五月二十日組成之後，隨後即在前安碁資訊公司董事長萬以寧的協助下，召開董、監事專案會議進行討論，凝聚共識，並於十一月董事會通過了本屆董事會的使命、目標及策略方針。個人身為董事長自責無旁貸，為此曾蒐集董、監事意見於先，整合、提煉及創思於後，相信足為三年服務的圭臬，亦確實成為後來決策的指引。

公廣願景

感動國民、躍動國際

公廣使命

- 因應數位挑戰，開展多平台公共服務。
- 推動永續創新，帶動影視音產業發展。
- 提供高品質、可信賴資訊，引領優質資訊生態。
- 製作高共鳴、受喜愛內容，共創國人日常美好。

- 在地深耕，扣緊台灣脈動，促進公民社會發展。
- 服務弱勢，推展終身學習，豐富多元文化。
- 連結國際，傳遞台灣價值。

公廣三年目標

- 推動公共電視法完成修法，奠定公廣集團發展所需之法制基礎。
- 加速數位轉型，公視＋成為國人最常使用的本土 OTT 影音平台。
- 完成階段性組織再造，強化經營效能及數位管理機制。
- 樹立新聞生態標竿，公廣集團的頻道及平台成為各收視族群最信賴的媒體品牌。
- 扮演影視產業活水，公廣集團帶動台灣影視產業走出新路，耀眼國際。
- 平衡台灣區域發展，公廣集團南部製作中心成為南台灣影視產業發展的關鍵基地。
- 提升多元族群服務，其中台語台與客家台成為多元文化數位服務的第一品牌。
- 建構國際傳播網絡，TaiwanPlus 成為具國際影響力的媒體品牌。

策略方針

- 凝聚並提出本會關於公視法修法意見，營造修法的有利環境與社會支持。
- 開拓財源、整合資源，挹注內容產製，包括發展異業／同業多型態策略合作模式，引導產業資金進場。
- 強化集團成員彼此之間的策略合作與資源整合，發揮集團整合綜效。
- 開發本土 IP，創造多元應用。
- 製作具台灣特色之科普、媒體素養等教育性節目，建立兒童與青少年學習領域的領導地位。
- 爭取提高台語台、客家台經費，強化其數位服務，並提升內容產製的品質。
- 強化製播多語言、多族群新聞與節目，展現公共媒體的多元價值與公共性優勢。
- 推動數位優先、員工為本的組織改造及教育訓練，並擴大數位內容及服務的資源配置。
- 增加公廣集團新聞資訊產製的資源投入，特別是數位服務的經費與人力。
- 擴大公視＋平台規模，以多元、動態的營運模式，擴大平台觸及率與影響力。

- 強化 PeoPo 公民新聞平台的社區連結，成為地方公共利益資訊的樞紐。
- 深化公眾參與，開展內容產製、決策諮詢的線上參與機制。
- 擴大與全球公共媒體的交流，互相取經，並發展合作關係。
- 順應世界局勢變化，製播相關節目提升國人之國際觀。

1.4

透明治理　向公眾問責

二〇二二至二〇二四公視年報的董事長報告

公開透明是公共媒體至為重要的治理原則，其原因就在於公共媒體的費用來自大眾，為大眾所有，亦以服務大眾為目標，自應盡可能讓公眾瞭解營運狀況，以向公眾問責。歐洲廣電聯盟（EBU）在闡述「問責」的意涵時即強調：「我們（公共媒體）是透明的，並受到持續的公眾監督。我們希望我們的閱聽眾瞭解我們媒體組織的運作方式。」

基於「問責」這項公共媒體的核心價值，各國公共媒體多會公布其工作計劃、重要準則、非機密性會議紀錄，並編製年度報告、觀眾意見諮詢報告等。其中，年報是公共媒體呈現年度經營實況與成果的重要資料，董事長也會代表董事會向社會做個簡要報告，勾勒過去一年的營運策略及績效評估。以下是我在二〇二二至二〇二四年公視年報上所寫的「董事長的話」，依序輯錄於下。

邁向共好社會的堅定支柱（二〇二二年報）

全球許多國家的公共媒體近年來都面臨經費不足及科技變遷的挑戰，同樣的，這些國家的公共媒體無不創新求變，希望在數位新時代展現公共媒體的價值。

毫無疑問，挑戰與機會也同時存在於台灣的公共電視，但我們毋寧更重視機會的存在，並視之為擴大公共服務的轉型契機。以「感動國民、躍動國際」為願景，董事會與經營團隊致力於未來三年，讓國人深刻感受到公視是「我的公視」，是日常生活中不可或缺的伴侶，是連結國際無可取代的橋梁。

為了達到這樣的目標，董事會通過了新的三年目標與策略方針，將全力推動公廣集團的數位轉型。從組織改造、資源配置、內容產製到公服行銷，都將加速數位化步伐。希望可見的未來，所有國人都能透過全方位、全媒體、全平台的服務，接觸到公廣集團所提供的內容，並且開展深度的參與及互動。

我們深深瞭解，提供大眾公正、可信的資訊，多元、創新的內容，乃是我們的核心任務。因此，過去一年來，我們不僅大幅擴充網路新聞編制、建構國際記者網絡、延長東南亞語新聞時間，並且持續製作高品質的戲劇、實驗新型態的綜藝節目，藉以提升台灣資訊生態的品質，活絡台灣影視製作的環境。

公廣集團所製作的各種內容已被證明是台灣傳播生態中不可取代的重要元素。未來幾年，我們將努力在不同平台創新內容，並將台灣內容帶向國際。公共媒體的存在源自於國民的協定，我們誠摯盼望經由公共媒體的運作，為國人帶來生活的美好，實現共好的社會。

擁抱變革　邁向成長（二〇二三年報）

「挑戰與變革」可說是全球公共媒體近年發展的鮮明特徵，台灣亦不例外。令人鼓舞的是，二〇二三年在各方支持及全體同仁努力之下，台灣公廣集團不僅致力變革，而且成果豐碩。

公共電視法是公視運作的基本大法，歷經多年及社會各界的努力，二〇二三年終於完成該法制訂以來最大幅度的修正，除了打開政府捐贈公視經費的天花板，將族群、區域及國際傳播服務正式納入公視的法定業務之外，並希望公視善用數位科技來推展各項公共服務。毫無疑問，此項修法有助於公廣集團邁向新時代的公共服務媒體。

實則，面對變動不居的社會需求，公視不待修法即已開展多項變革計劃，茲舉其犖犖大者：

一、**內容製作**：加碼戲劇與紀錄片等製作資源，開發多元內容合作策略。其中《人選之人——造浪者》戲劇於 Netflix 全球上線，不只掀起國內社會運動浪潮，並與全世界民主進行了另類對話。

二、**組織改造**：公廣集團南部中心正式啟用，平衡台灣區域發展需求；成立數位內容部與 AI 應用工作小組，強化數位轉型。此外，為加速數位服務步伐，更全新改版《公視＋》，積極打造本土 OTT 公共服務平台；開創網路公共問責座談，拓展公眾參與機制。

三、**國際連結**：公廣集團舉辦多項大型國際活動，包括二〇二三「世界公視大展」（INPUT）、公共媒體數位轉型國際研討會、國際族群媒體高峰會、8K 節目製作論壇等，接軌國際產業發展新趨勢，並串聯國際影視社群。此外，TaiwanPlus 頻道於美國、新加坡落地，亦大步提升台灣與公廣集團的國際傳播能量。

變革來自挑戰，推動變革亦不免遭逢挑戰，但沒有變革就沒有成長。台灣公共媒體的發展到了一個轉折點，基於「感動國民、躍動國際」的願景，我們深刻體認，必須堅定地擁抱變革，才能歡欣地邁向成長！

堅持初心　踏實耕耘——公視致力投資我們共同的未來（二〇二四年報）

台灣，在許多方面，都像是成長中的青少年，有無窮的變化，也有無限的可能。社會諸多層面都在震盪中摸索未來的路向，公視則致力於讓摸索的過程能有更多的思辨與前瞻，因為我們虔誠希望：台灣的未來會更為美好。

過去一年，我們繼續奔馳在深化及開創公共想像的道路上，積極調整自身體質，認真面對外部期待，不以既有成果為滿足，不因目標宏遠而怯步。其原因就在於我們堅信：開展公共對話、追求公共利益的公共媒體，是國家闊步邁向卓越未來的必要投資。

內容服務方面，二〇二四年八月，在政府擴增捐助經費的支持下，我們推出以兒少為對象的「小公視」（PTS XS）網路平台及電視頻道，為台灣的兒少影音製播揭開歷史新頁。這是許多家長與兒少們多年來殷殷盼望的事情，亦為公視長期以來心心念念的計劃，如今能在開台二十六年後實現，我們不僅感到欣慰，更深切期待「小公視」能夠經由一步一腳印的耕耘，成為台灣兒少適性成長的最佳陪伴。

不只是兒少內容服務的突破，包括戲劇、紀錄片等各類型節目都締造新猷，此從公廣集團二〇二四年破歷史紀錄的一百二十八項金鐘獎入圍數目可以得到印證。不過，對於公共電視的同仁來說，自己所製作的節目能夠入圍或得獎固然令人鼓舞，但大家真正在意者，仍然是這些節目能不能超越既有格式？是不是為社會帶來嶄新的思索或導引？

難得的是，公視紀錄片二〇二四年在國內外大小獎項大放異彩，成果斐然。總計有七部委製及合製片入圍台灣國際紀錄片影展（TIDF），其中《公園》獲台灣競賽及亞洲視野競賽首獎，並榮獲阿姆斯特丹國際紀錄片影展的傑出藝術貢獻獎；《由島至島》則獲金馬獎最佳紀錄片及台北電影節百萬首獎。本屆公視董事會組成之際，有鑒於紀錄片的重要價值，特別增加紀錄片製作預算，現在能夠逐漸開花結果，同仁的規劃及經費的投入顯然收到成效。

同樣值得特別標記的是，為了開闊國人的視野，樹立公視新聞的特色，董事會也在兩年多前支持管理團隊提出的國際記者網絡佈建計劃。截至二〇二四年底，已在全球完成十四個駐點的佈建，並在許多國際重大事件中，取得第一手及台灣視角的觀察。在國內商業媒體幾乎已放棄設置海外記者之際，公視希望此一國際記者網絡既能作為公廣集團成員的共享資源，亦能成為台灣媒體生態系統的資訊活水。

數位轉型或 AI 轉型已是媒體產業不可逆的趨勢，也是本屆董事會希望加速進行的重要營運目標。對於公共媒體而言，數位轉型不僅是普及原則的實踐，更是將公共服務延伸至數位時代的必要路徑。公視經管團隊除了成立跨部門小組推動 AI 應用之外，更以專案形式開展各項 AI 服務，例如以建置氣象手語資料庫及擬真虛擬主播為起點的 AI 手語計劃，以及以公廣集團新聞資料庫為基礎的可信資訊 AI Chatbot 建置計劃等。若能貫徹推動，勢將樹立台灣 AI 科技公共服務的里程碑。

公視積極推動數位轉型的努力也在二〇二四年有了鮮明的進展。公廣集團 OTT 平台「公視+」的訂閱數持續成長，較前一年成長 15.65%，累積會員數達 1,111,794 人；總收視時數的成長率為 32.55%，達 691,732 小時。此外，公視 YouTube 訂閱數成長率為 24.81%，達 1,760,782 人；公視新聞網網頁瀏覽量也比前一年成長 56.34%，達 33,080,075 次；新聞網 YouTube 總訂閱數成長率為 28.31%，達 393,610 人。

各國公共媒體皆自建 OTT 串流平台，並以有別於跨國串流平台商業導向的營運方式，試圖達成具公共價值的串流服務。本屆董事會在數位轉型工作上亦以強化「公視+」為重要目標，首先於二〇二三年七月推出網頁版服務介面的改版，接著在二〇二四年第一季正式推出行動App，目前並預訂於二〇二五年推出TV App服務，希望能夠更貼近國人媒體使用習慣，擴大集團製作內容的觸及面。

公視的數位轉型乃全方位推動，不只是內容製作及傳播方式的數位化、AI化，猶包括公眾參與、公共問責的轉型。舉例來說，「公視與您面對面」的公眾意見諮詢，在實體座談之外，這兩年特別增加線上諮詢，以期更廣泛、更直接的讓公眾參與公視的決策。毫無疑問，公眾參與或公共問責尚存在更多數位實踐的可能性，公視未來將會持續開發與探索。

台灣的民主發展與社會變革向來充滿挑戰，但挑戰所在亦為希望所繫，公視作為台灣公共媒體的重要成員，會善用每一分政府、企業與民眾的捐助，因為我們深知，每一筆捐助經費都是我們對未來的投資，而讓每一筆經費做出最好的績效，則是公視作為受託者應有的許諾。同樣的，我們也深信，給予公共媒體更多的投入與支持，是對我們共同未來的必要投資，也是讓我們的未來更為美好的堅韌支點！

1.5 公共媒體從未如此重要！

BBC開播一百週年感言

今天，對於公共媒體而言，是個很特殊的日子。整整一百年前的今天晚上六點，也就是格林威治時間一九二二年十一月十四日晚間六時，全球公共電視的鼻祖，亦即英國公視BBC正式開播。

一百年來，公共廣播電視在全球開枝散葉，相對而言，近四分之一世紀前才開播的台灣公視可謂後輩。如今，全球公共廣電無不希望轉型為公共媒體，提供全媒體、全平台、全通路的服務，我則誠摯盼望，作為公共廣電後輩的台灣公視，能夠成為全球公共媒體轉型的前驅之一。

BBC（British Broadcasting Company）創建於一九二二年十月十八日，係由收音機製造商以商業公司型態所設立，目的在於促進技術處於起步階段的收音機銷售。成立近一個月後的十一月十四日晚間，它開播的第一個節目是新聞簡報，內容由各新聞通訊社提供。新聞簡報之後，緊接播出由英國國家氣象局規劃的天氣預報。

有意思的是，當時播報新聞內容的節目總監亞瑟．伯羅斯（Arthur Burrows）特別以快、慢兩種速度播報了兩次，讓聽眾有機會可以依據自己的需求做筆記。撫今追昔，公共媒體從如此簡單的製作形式出發，演變成今天的多元樣貌，除了驚嘆於傳播科技的劇烈變遷之外，亦不得不對公共媒體的韌性感到欣慰。

一九二七年一月，基於廣播技術應該是公共財的理念，成立四年餘的BBC由公司型態轉型為非營利的協會組織（British Broadcasting Corporation），正式開啟了公共媒體的新紀元。從媒體發展史的角度來看，此一轉折不僅是媒體生態系統的重要轉捩點，也是關乎民主制度發展的歷史性抉擇。

百年來，公共媒體在西方媒體生態與民主政治的發展史上扮演吃重的角色，即使是數位時代的今天，公共媒體的價值仍然未被低估，依舊在重重挑戰之中奮勇前行。主要原因在於此一媒體制度建立以來所發揮的告知、教育與娛樂功能，難以被其他媒體所完全取代。

我特別留意到BBC百週年之際，領導該組織的高層主管如何看待自己的未來？董事會主席理查德．夏普（Richard Sharp）對外表示：「這是慶祝的時刻，也是擁抱未來的時刻。」

BBC將持續創新、改變和調適，並將公眾置於首位。他甚至樂觀相信「最好的日子還在後頭（its best days are ahead）」。

強調BBC已經成為英國結構一部分的現任總裁蒂姆・戴維（Tim Davie）則指出：「隨著BBC達到一百年的里程碑，我們提供訊息、教育及娛樂的使命從未如此重要或需要。」他也同樣認為，服務公眾的理念將繼續指導未來一百年的BBC。

我有幸在全球公共媒體建制百年的今天，再次回到公視服務。這段時間以來，心中不時思索，更深深冀望：台灣公視能夠在全球公共媒體發展百週年之際，將自己貢獻於新時代的新公媒。要向大家報告的是，公視董監事與同仁們經過多方討論，即將正式通過新的願景與目標，開展新的工作計劃與策略！這些都將在未來陸續向社會報告。

邁向二十五週年的公視，必須也必然要有嶄新的氣象與作為，以符應時代變遷，滿足公眾需求。相信未來的公共電視縱使名稱當中還有電視這兩個字，但大家所認識的公視將不再是以電視為主要載體，而是大步、快速轉型，提供全媒體、全平台、全通路服務的公共媒體。

（二〇二二年十一月十四日）

1.6

以持續變革面對外部挑戰
從國外公共媒體的財務壓力談起

根據公共媒體聯盟（PMA）二〇二四年二月底的分析，在過去的十二個月裡，許多公共媒體機構都宣布裁員，包括澳洲的 ABC、英國的 BBC 與 Channel 4、加拿大的 CBC、美國的 NPR，以及瑞典的 SR（Swedish Radio），具體顯示這些公共媒體都遭逢了艱難的財務處境。然而，即使面臨財務壓力，公共媒體仍努力履行其公共服務使命，並制定數位轉型的長期計劃。

各國公共媒體所面臨的財務壓力並不相同，若干國家特別嚴重，例如瑞士的 SRG SSR 自二〇一九年以來，其經費主要來源的家庭稅即降了 30% 以上，多數公共媒體則面臨費用略有調漲，卻因通貨膨脹率的影響，以致等同實質縮減經費的境況。例如德國針對二〇二五至二〇二八年繳付公媒的家庭稅，公媒自身提出的新月費方案原為 19.94 歐元，但負責決定徵收稅額的獨立委員會 KEF 於二〇二四年二月的決議是 18.94 歐元，亦即每個家庭每月僅增加 58 美分，每年僅增加 0.8% 支出，遠低於目前的通膨率及歐洲央行的目標通膨率，亦與公媒本身要求增加的 1.58 歐元低了近三分之二。德國公媒 ARD、ZDF 和 Deutschland radio 皆表示，此舉勢將影響其服務品質及數位轉型的步調。

其實，歐洲公共媒體普遍遇到的財務壓力並非始自今日，根據歐洲廣電聯盟（EBU）二〇二四年三月發布的調查報告顯示，二〇一三至二〇二二的十年間，歐洲與地中海地區四十七個國家、六十五個公媒的經費呈現有限的成長，從三百四十七億歐元增加到 389.6 億歐元，表面上成長率為 12.3%，但換算為平均年增長率則僅為 1.2%。若進一步考量通膨因素，EBU 會員國二〇一三年至二〇二二年間公媒經費的變化將會變成 -5.8%。此種經費實質縮減的狀況還可以從 GDP 的佔比得到印證，二〇一三年，公媒收入平均佔 GDP 的 0.18%，但二〇二二年，比例已縮減至 0.14%。

儘管如此，公共媒體持續在傳播生態系統中扮演不可或缺的角色，更被視為因應當前民主挑戰的重要支柱。許多公共媒體組織強調，人類正處於動盪時代，戰爭、政治鬥爭、社會不平等、假訊息、氣候變遷等課題，在在成為人類文明能否向前邁進的考驗。此時此刻，公共服務媒體比以往任何時候都更重要，因為公共媒體致力於繁榮民主社會的培育，讓人們在應對挑戰時能夠感到訊息充足、彼此連結並充滿信心。EBU 近期即透過系列研究來驗證公共媒體所能創造的三百六十度全方位價值。

關於公共媒體在新聞生態上的角色，EBU 於二〇二三年八月發表題為《公共服務媒體與新聞》（*Public Service Media and News*）的報告中發現，在數位傳播已高度改變大眾閱聽模式的今天，PSM 仍然是三百六十度新聞服務的主要新聞提供者，其涵蓋範圍包括不同的裝置、平台和接觸點。但未來幾年，PSM 新聞編輯室必須在廣泛影響和普及性原則中找到平衡，還要能夠管理人工智慧，面對一個以分散消費、虛假資訊和新聞迴避為特徵的新聞市場。

根據統計，EBU 的公共服務媒體成員在二〇二二年新聞節目的投資額為五十七億歐元，接近 PSM 節目總支出的三分之一（31%），其所聘用的新聞工作者超過四萬五千人。報告中援引學者 Minna Horowitz 等人所提出的架構，強調公共服務媒體在對抗假訊息上扮演著重要角色。因為公媒是獨立於政府與企業之外的可信賴工具，也是與事實查核團體協作的理想夥伴，但它需要資源來製作優質內容、推動媒體素養。

目前在 BBC 任職的主管 Rebecca Skippage 也認為公共媒體在防制假訊息上扮演重要角色，她以自己多年參與辨識假訊息的經驗指出，公共媒體具有獨特的文化與社會影響力，寬廣的觸及與服務所有觀眾的義務，若能參考其他事實查核組織等機構將正確訊息傳達給公眾的成功做法，與傳統上未能觸及事實查核成果的閱聽眾建立點對點關係（Peer-to-Peer Relationship）及社群，應能更有效的維護健康的資訊生態系統。

至於公共媒體與媒體素養的問題，EBU 亦在二〇二三年十月發表題為《公共服務媒體：強化媒體素養》（*Public Service Media: Strengthening Media Literacy*）的報告，調查 EBU 公共服務媒體（PSM）會員推動媒體素養的狀態及看法，結果顯示，至少有五十四個 PSM 組織致力於媒體素養，其所採取措施的主題領域包括人工智慧、新聞、數位技能以及針對兒童和青少年的計劃。該項調查亦發現，86% 的 EBU 公共媒體組織認為媒體素養在組織中極為重要或有些重要，大多數公共媒體也強調，未來五年內，媒體素養對他們來說將變得更加重要，顯示 PSM 已成為解決媒體素養缺陷的關鍵參與者。

針對此一調查結果，EBU 媒體總監 Jean Philip De Tender 表示：「媒體素養是打開被資訊疲勞轟炸世界的鑰匙。它使個人能夠從假訊息中辨別真相，並培育一個能夠激發批判性思考以應對有偏差敘事及欺騙性內容的社會。」「公共服務媒體是媒體素養教育的重要支柱，透過有針對性的方案、事實和新聞內容，可以為公眾提供分析、質疑和解釋他們所遇到的訊息的工具。」

個人赴英交流過程顯示，民主國家率皆面臨數位傳播生態的新課題，並構成民主社會的新挑戰。如何面對假訊息、仇恨言論、網路詐欺、性剝削等網路違法及有害內容，雖因各國社會脈絡有別，所採取的對策未必一致。不過，各國經驗仍可相互採擷、參證。交流過程中，亦深深感受到各界對公共媒體的深刻期待，咸認可以在當代民主鞏固工程中扮演重要角色，發揮重大功能。

毫無疑問，面對當前不實訊息的課題，以及公正報導、事實查核與媒體素養的需求，公共媒體都有其角色，亦有其功能。公共媒體聯盟（PMA）即表示，作為值得信賴和獨立的資訊來源，以及為所有閱聽眾提供高品質和多樣化的內容，公共服務媒體的價值從未如現今般明顯。有意思的是，此次英國行所交流的諸多人士，無論是商業媒體主管、產業組織負責人或事實查核組織、公民團體高階主管，皆曾在BBC服務過，或對BBC的價值有所肯認。多位曾在BBC服務過的人士儘管已經離開該單位，但仍不時引用BBC的精神宗旨與運作原則，清楚顯示BBC的價值已經內化為他們的行為準則或目標。

台灣公視於一九九八年開播，當時，商業媒體已經在傳播生態系統中居於主流地位，而且出現競爭的亂象。台灣公視所出現及發展的背景與BBC及大多數歐洲國家的公共電視都不相同。不過，多數歐洲公視所遇到的挑戰也都出現在台灣，例如傳播科技及觀眾收視行為的變遷。今年公視集團經費首度破四十億，從最初的十二億到今天，真是一步一腳印。國內外政經形勢、社會樣態乃至傳播產業皆在變動之中，變動是常態，變革也是常態，台灣公視須以持續的變革駕馭不停的變動。

（本文摘錄自個人於二〇二四年二月間赴英國交流所撰寫的出國報告）

1.7 不僅關乎公廣，而且深繫社會！

公視法修正的意涵與價值

對所有關心台灣公共媒體發展的人而言，立法院於今（二〇二三）年五月二十六日三讀通過，並在六月二十一日經總統公布施行的公共電視法修正案，無疑是近年來最重要的傳播法制興革之一。畢竟，台灣公共電視雖然規模不大、資源有限，卻有機會成為我國媒體生態變革的有力支點。如果配套條件充分，自身努力足夠，修法後的公視可望發揮更大的標竿功能與火車頭效應。

一九九八年七月一日開播的公共電視，最初只經營一個無線電視頻道及單純的網站。如今，公視基金會已發展成公共廣電集團，除公視主頻、公視三台之外，尚營運客家台、台語台、TaiwanPlus 國際英語平台等。此外，擁有華視經營權（持股逾 83%），並製播國會頻道。年度總經費（不含華視）也由最初的台幣十二億元，提升到三十多億元。

更重要的是，今天的「公共電視」已經不再是單純的電視服務，而是不折不扣的「公共媒體」，積極邁向多平台、全媒體的數位營運。以類比思維制訂的公視法早已無法因應數位時代的需求，就好比馬車時代的立法，如何能夠面對電動車、自駕車的新時代？儘管如此，這些年來即使修法之聲不曾止歇，因應新局的修法作業始終未能開花結果。

令外界感到訝異，甚至嘖嘖稱奇的是，看似「困難重重」的修法，竟然在今年三月三十日由行政院院會通過修正草案，送請立法院審議，而且在短短不到兩個月的時間即完成三讀程序。毫無疑問，執政黨的政策支持、新任文化部長史哲的積極協調，以及多位立法委員的高度認同是其中關鍵，但公民社會的長期推動、行政部門的累積規劃，以及公視自身的不懈呼籲，應是讓公視法修正「化不可能為可能」的重要基礎。

立法院三讀通過公視法修正案之後，雖獲得不少掌聲，亦出現若干質疑。譽之者視之為台灣媒體史的歷史性時刻，有助於公共媒體及傳播生態的良性發展。但質疑者則擔憂可能影響公共媒體的獨立性，甚至認為改革氣魄不足。平實以言，此次修正雖然仍有諸多課題遺憾無解，若干疑慮亦待後續發展方能明朗，但畢竟是公視法制訂近二十六年來最大幅度的修正，也是許多關心台灣公共媒體發展者多年來推動的目標，其意義或功能值得進一步解析，亦值得關注與期待。

以下即就此次修法的過程、要點、意涵及可能影響提出個人的分析與探討。

一、公視法修法歷程

公共電視法係於一九九七年六月十八日公布施行，其間歷經四次修正，最近一次修正距今已逾十三年。惟公視法以往修正僅侷限於「點狀」調整，例如解除捐贈費用逐年遞減的規定，或是擴大董事會的成員規模等，不及此次修正的幅度（請參看表一）。

表一：公共電視法修法歷程表

修正時間	修正內容
二〇〇一年十月四日	• 將政府編列預算捐贈金額逐年遞減至第六年以後，應為第一年政府編列預算金額百分之五十以下的規定，修正為「至第三個會計年度為止」。 • 刪除公視基金會投資事業的投資額應保持所投資事業資本總額三分之二以上的規定。
二〇〇四年六月四日	• 增列規定，原公共電視籌備委員會捐贈之國有財產，由主管機關無償提供公視基金會使用，並明定因情勢變更，公視基金會之營運、製播之節目已不能達成設立之目的者，不適用之。

表一：公共電視法修法歷程表（續）

修正時間	修正內容
二〇〇九年六月十二日	• 擴大董事會員額，由原十一至十五人增加為十七人至二十一人。
二〇〇九年十二月十一日	• 配合民法總則編（禁治產部分）、親屬編（監護部分）及其施行法部分條文之修正，將董事、總經理、副總經理解聘規定中的「禁治產宣告」修正為「監護宣告」，並增訂「受輔助宣告」之相關規定。
二〇二三年五月二十六日	• 修正幅度為歷次之最，總計修正十九條條文，包括立法宗旨、經費來源、業務範圍、必載規定、董事員額及選任機制等等。

本屆公視董事會於去年五月二十日成立之後，即將推動公視法修法列為重點工作。為促成公視法修正，公視董事會更於去年十月成立研修小組，撰擬修法政策建議書，經諮詢公廣集團主管、工會代表意見後，於今年一月提送董事會議討論，最後通過八項修法政策建議（請參看表二），並於二月分董事會議確認後對外發布新聞稿，籲請儘速完成修法，穩固公共媒體長遠發展。

表二：公視董事會修法建議要點

項目	要點
捐贈經費	法定捐贈經費額度至少應符合目前實際營運規模，且應隨物價指數、年度製播計劃、族群及區域服務等因素逐年調整，向國際先進標準看齊。
董事組成	調整董事會組成人數（下修為十一至十五人）及董監事選任審查同意比例（改為三分之二以上），支持設置員工董事。
節目分級	修正全時段普級之規定，改依現行廣電法分級制度相關規定辦理。
必載定頻	為增加國民收視公共電視服務機會，公視基金會之所有頻道應列為有線電視系統之基本頻道，並予定頻。
華視定位	明載公視基金會與中華電視公司之關係，並明定政府每年應編列附負擔預算捐贈華視。
族群服務	公視基金會之業務增列多元族群及區域需求之傳播服務。
國際傳播	公視基金會之業務增列國際傳播服務。
決算流程	評估《公共電視法》有關執行成果及收支決算處理流程中，董事會、監事會之權責關係。

文化部對公視董事會所提出的修法政策建議，除立即發表回應新聞稿，表達高度肯定之外，亦以前任文化部長李永得時代所擬的公視法修法版本為基礎，納入公視董事會所提的大部

分意見後，擬具新的修正案送行政院審查，並於三月三十日由行政院院會通過，送請立法院審議。立法院審議期間雖歷經國民黨以董事會組成方式為主訴求的軟性杯葛行動，仍在兩個月不到的時間內完成教育文化委員會及院會審查程序，並於五月二十六日三讀通過修正案。

二、公視法修法要點

相較於歷次公視法研修作業，此次通過的公視法修正案雖涉及十九條條文的修改，仍可謂「中小型」的修正案。前文化部長鄭麗君主政時期，曾規劃一個體系更為龐大的公共媒體服務架構，包括設立集團執行長，制定族群頻道專章，並將中央廣播電臺、中央通訊社與公媒基金會進行整合等。此次修正的規模自不能與之相比，甚至也不具備若干公視與民間所提修正案的企圖心。但，或許正是此種縮小版的立法策略，方使公視法修正得以突破重圍，為現有營運取得相對清楚的法制依據，並為未來發展留下相對寬廣的可能性。

公視法此次修法至少有三個重點：（一）打開公共電視的法定捐贈預算九億元上限，並讓目前政府以補助、招標方式提供公視基金會的經費獲得常態化編列的可能性。（二）縮小董事人數為原初立法時的十一至十五人，納入員工代表董事，並調降董監事選任門檻為三分之二。（三）明確賦予公視在多元族群、區域需求及國際傳播服務上的法制基礎。

其他修正尚包括刪除「彌補商業電視不足」的成立宗旨，增列頻道必載規定，適用電視頻道分級規定，修正董監事消極資格及解聘條件，修改董事長有給職規範，調整決算相關資料審核程序等。整體而言，是公視法制訂迄今近二十六年來最大幅度修法（請參看表三）。

表三、公共電視法新版修正要點

項目	內容
成立宗旨	• 刪除「建立為公眾服務之大眾傳播制度，彌補商業電視之不足；以多元之設計，……提高文化及教育水準，促進民主社會發展」等文字。 • 增加「製播符合多元社會需求之傳播內容，善用數位科技，……提供新聞資訊服務，促進傳播產業與公民社會發展」等文字。
主管機關	• 將公視法主管機關由行政院新聞局調整為文化部。
業務範圍	• 將原本「電視」或「電台」的業務內容改為「傳播」兩字。 • 增加「多元族群及區域需求之傳播服務」、「國際傳播服務及交流」等業務。 • 規定專屬頻道辦理多元族群及區域需求之傳播服務，須確保其營運之族群主體性及獨立性。
經費及財務	• 取消公共電視的法定捐贈預算九億元上限，明定政府應依公視基金會業務運作需求、年度工作計劃及中長程計劃，每年檢討調整編列預算辦理。 • 增列公視基金會之經費來源包括文化發展基金之核撥、投資他事業之收入等。 • 規定專屬頻道辦理多元族群及區域需求之傳播服務、國際傳播服務及交流，須保障其經費及專款專用。

表三、公共電視法新版修正要點（續）

項目	內容
董監事規範	• 縮小董事人數為十一至十五人。 • 增列員工代表董事，其選任係由公視基金會企業工會推派後，報請主管機關送請行政院院長聘任之。 • 董監事選任門檻由四分之三調降為三分之二。 • 明定董事任期屆滿六個月前，應依法定程序進行改聘作業；董事任期屆滿未及改聘時，延長其職務至新聘董事就任時為止。 • 修正董事及監察人消極資格及解聘條件，增列受破產宣告或依消費者債務清理條例經法院裁定開始清算程序，尚未復權，以及受監護或輔助宣告，尚未撤銷者，不得擔任董事及監察人。 • 修改董事長有給職規範，不得支領其他薪資、月退休金（俸）、月退職酬勞金或其他性質相當給與。
頻道必載	• 增列條文，明定有線廣播電視系統經營者、經營多媒體內容傳輸平臺服務者，應免費提供頻道位置，同時轉播公視基金會所營運無線電視頻道、族群頻道及國際傳播頻道之內容，不得變更其形式、內容及頻道；有線廣播電視系統經營者並應將其列為基本頻道。此外，有線廣播電視系統經營者、經營多媒體內容傳輸平臺服務者為前項轉播，免付費用，不構成侵害著作權。
內容分級	• 刪除公共電視不得於任何時段，播放兒童及少年不宜觀賞節目的規定，調整為公視基金會營運之各電視頻道，應就其播送之節目，依相關法令予以分級或採取相關措施。
決算審核	• 調整決算相關資料審核程序，規定公視基金會於事業年度終了所製作的年度業務報告書，先提董事會審定，再送請全體監察人分別查核後，報請主管機關循決算程序辦理。

三、公視法修法意義

公共電視係於一九九八年七月一日正式開播，迄今已逾二十五年。此段期間，電視產業不僅出現高度競爭，而且面臨數位轉型的挑戰，公視也由製播一個無線電視頻道邁入多頻道、多媒體、多平台的集團營運，現行公視法早已無法因應公共電視及國內傳播生態的發展需求。事實上，各界倡議修正公視法已經有很長一段時間，歷任文化部長也幾乎都提出過該法的修正案。

公共電視集團化、數位化、國際化的任務擴增，缺乏法制化的基礎，確為此次公視法修正的重點，因此不僅在公視法第十條有關公視的業務範圍中，明訂公視負有服務多元族群、區域需求及國際傳播之任務，而且在第一條有關公視的成立宗旨中，明文要求公視必須「善用數位科技」。

以電視產業來定位現在的「公共電視」，既不符合事實，亦無法符應未來的角色期待，畢竟全球公視都在邁向多平台、全媒體的數位營運。因此，此次修法對於公廣集團由電視事業邁入下世代的公共媒體，有著高度重要性。不過，公共電視法的修正並不只是為了公共媒體的發展，猶著眼於整體傳播生態及產業發展。因此，該項修法不僅是我國公共媒體發展的轉折點，也可能成為台灣傳播生態提升與影視產業發展的契機。

四、公視法修法與整體傳播生態

行政院在公視法修正草案的總說明中特別強調：「公共媒體責任已隨著傳播環境變遷而擴增，近來社會各界期望公視基金會能夠在媒體角色上扮演更積極之正向指標，肩負更多公共責任。」立法委員更在此次修法中將「促進傳播產業與公民社會發展」的文字納入公視法，足見公共媒體被期許具有推進傳播生態品質及健全產業發展的功能。

從各國經驗可以看到，公共媒體確實能夠以其公正、多元、創新、獨特的內容，協助建構公共領域，推動影視產業的正向發展。特別是台灣目前的媒體生態並不理想，影視產業的困境也有待突破，公共媒體可以從中發揮標竿及活水功能。

公視基金會於今年五月舉辦二〇二三世界公視大展（INPUT），不僅受到國際公共媒體界高度肯定，也成為國內影視業者開展國際交流的最佳橋梁。此外，公視近期參與製作的《人選之人——造浪者》戲劇，也在台灣及全球產生熱烈迴響，甚至引發國內的 MeToo 運動，促成性平法制的改革，具體顯示公共媒體在國內影視生態、社會改革及國際傳播上確實可以發揮相當大的功能與價值。

五、公視法修法後的經費來源與規模

公視經費的多寡確實是公視能否發揮功能的重要關鍵，也是此次修法的重要目標。新修正的公視法將原本九億的捐贈經費上限取消了，並明訂「政府應依公視基金會業務運作需求、年度工作計劃及中、長程計劃，每年檢討調整編列預算辦理。」此外，該法第二十八條有關公視基金會的經費來源也增列「文化發展基金之核撥」，以及「投資他事業之收入」。

外界關切此次修法雖然打開了捐贈經費的上限，但是否能夠真正讓公共電視增加經費仍在未定之數，因為文化發展基金目前經費相當有限，投資其他事業也不是短期能夠有成，公視主要經費來源猶仰賴政府預算編列。誠然，新的經費來源尚待相關條件的成熟，政府捐贈及補助經費能否擴增？仍為當前公視財務多寡之所繫。

必須說明的是，公共電視過去雖然受到九億元捐贈經費的上限限制，不過，政府採用補助或招標方式提供公視經營的經費目前已經達到二十多億元，包括以補助方式提供台語台經費，以及透過限制性招標方式提供客家台及TaiwanPlus製播經費等。換言之，公視基金會的總營運費用已經超過三十億元。但這些費用是否足夠呢？

修法之後的公廣集團面臨南部中心如何因應區域需求持續開展？TaiwanPlus如何逐步於國際落地推廣？集團成員如何善用數位科技，提供全媒體服務？如何繼續推進台灣戲劇等內容在內的台流發展？集團新聞服務，特別是華視新聞資訊頻道如何持續成長，引領新聞生態的專業發展？乃至包括兒少、銀髮族、身心障礙、新住民等群體的服務，如何更為寬闊並提升品質？各種服務需求所需經費自不可能期待一次到位，但確實有賴政府持續透過實質經費的支持，讓公廣集團真正成為台灣傳播生態及社會發展的有力支柱。

依據目前協調狀況，政府可望首先新增六億元捐贈經費來支持公視提升兒少內容製作，並新增兒少頻道的服務。兒少內容的製作與服務確為全球公共媒體的重點任務，我們欣見政府以具體經費來支持該項任務的執行，亦希望持續擴增其他領域的經費，讓此次公視法修法能夠成為台灣媒體史的歷史性一刻。

六、華視定位問題與公視法修法關聯

依據無線電視事業公股處理條例，原隸屬國防部管轄的華視於二〇〇六年被指定為公共化無線電視事業，並將其官股捐贈給公視基金會。惟與公視基金會共組公共廣電集團的華視迄今仍有逾16%的民股，加上營運虧損日益加大，其法制定位一直受到關注。公視董事會所提出的修法政策建議書中，對於華視的法制定位曾提出建議，可惜在此次立法過程中未能形成共識，以致無法納入修法，確實是個遺憾。

不過，朝野各界也逐漸形成共識，希望將華視的法制定位列為下一階段的修法重點，立法院也通過幾位立法委員提出的附帶決議，呼籲政府於過渡期間應提供附負擔經費給華視，以利商業營運的華視能夠兼顧公共服務的要求。

七、公廣集團的體質強化與社會監督

此次修法雖然未在公廣集團的監督機制上作進一步規範，但公廣集團承擔更大的責任，就必須接受更多的監督。除了行政與立法機關「一臂之遙」的監督關係外，公視未來會更強化公眾參與及公共問責機制，包括網路與實體。例如，公視已將現行趨於形式化的公眾意見諮詢制度予以調整，改採更具實質效益的目標群體焦點意見徵詢作業。此外，在原有的實體諮詢座談外，亦將開闢線上的公眾諮詢，希望更廣泛，也更有效的傾聽公眾意見。

公廣集團並不完美，也會犯錯。因此，必須持續進行組織改造，強化治理效能及公眾參與，面對缺陷，力求超越。此次公視法的修法，立法委員也提出相關的附帶決議，要求公視基金會每年提出公共價值評量報告，以促進自我提升。公共價值評量是公眾問責機制的一種形式，曾經被若干國外公視所採行，我國公視目前係間隔實施，未來已計劃每年皆予執行。

八、公視法修法與經營獨立自主

獨立性確實是公共電視之所以為公共媒體的關鍵要素，公共電視法第十一條即明定，公共電視屬於國民全體，其經營應獨立自主，不受干涉。此次修法並未修改上述條文內容，並在新修正的第十條中明訂，多元族群的服務應確保其營運之族群主體性及獨立性。

公共電視經費不足已經是社會共識，朝野立委也都同意增加公共電視的經費。增加經費並不必然意味著對政府依賴性的提高，重點應該在於經費捐助是否能夠建立妥適的獨立運作機制，以及最重要的，公共電視能否建立完整而嚴謹的問責機制。

如上所述，目前公共電視已在檢討現行問責制度，除了擴大傾聽草根民眾的聲音之外，亦將於下半年建立線上諮詢機制，讓更多公眾能有參與決策的機會。未來公共電視仍然會持續在獨立與問責兩大原則之下，公開透明地接受社會監督。

以上八點分析或許不能窮盡此次公視法修法所涉及的面向，其所可能帶來的影響亦有待後續驗證。惟無可諱言，此次公視法修正乃該法制訂近二十六年來最大幅度的修正，該法修正所可能帶來的影響亦不僅公廣集團自身而已。此一修法若能被有效利用，並善為發酵，確有可能成為導引台灣傳播生態發展的有力槓桿。

BBC現任總裁戴維（Tim Davie）在他的一項演講中，回顧BBC引領英國傳播變革的重要里程碑時強調：「所有這些時刻都需要選擇、意志、樂觀及寬大的願景。渴望看見全局（a desire to see the big picture）。」他在今年中的一場演講中則指出：「我們必須採取行動以創造我們想要的未來，不僅是為了BBC，也是為了社會。我從事這份工作不單是為了捍衛一個機構，而是為了服務公眾，創造一個妥適、自由、民主和關愛的生活場所。」旨哉斯言，個人深表認同。

身為台灣公廣集團的董事長，我關心的對象其實並不只是公共媒體而已，甚至也不只是台灣的媒體產業而已。我更關心的是台灣社會的發展與台灣民主的未來。誠如戴維所言，我們需要有眺望全局、形塑未來的企圖心，也要有推動變革、開創新局的行動力！公視法修法之後的路雖然開闊些許，但道路是否平坦、前景是否燦爛？有待公廣集團的自我努力，也有賴各方關係人共同打造。

（本文原刊於二〇二三年九月台灣新聞記者協會出版之《2022 台灣新聞自由年報》）

1.8

為在地文化鼓動新潮

公廣集團南部中心啟用典禮致詞

許多人都說台灣南北的發展有差距，甚至以天龍國來稱呼台北，而影視產業就是此種南北落差的具體印證。公廣集團今天（二〇二三年六月三日）在高雄舉辦南部中心啓用典禮，實質投入製播資源，鼓動南方文化新潮，希望逐步衡平台灣影視生態的地域落差。

啓用典禮現場熱鬧無比，各界參與人士也語多期許，顯示公廣集團南部中心的設立已被賦予高度期待。我們感謝籌備過程中政府相關單位，以及南部各縣市公民團體、大學及在地產業所給予的支持。沒有他們的支持，公廣集團很難跨出這一步。

剛剛修訂通過的公共電視法，於公視業務中明訂「區域需求之傳播服務」，我們很高興在這項任務賦予上做了顯著推進，未來將繼續向前挺進。以下是我在啟用典禮的完整致詞內容，供關心的朋友參考：

二〇〇六年，我擔任公視總經理時，協助推動及組建「臺灣公共廣播電視集團」，其中一項使命就是：平衡南北發展、縮減資訊落差。二〇〇七年更成立「公廣集團南部台推動小組」，選定高雄為南部台台址，可惜後來因為客觀情勢改變未能實現。「台語台」的成立及今天南部中心的啟用，可以說彌補了十六年來的遺憾，以及對南部鄉親的虧欠。

去（二〇二二）年五月組成的公視董事會，經過詳細討論，確立公廣集團的願景為「感動國民、躍動國際」，並在未來三年的努力目標中，致力「平衡台灣區域發展，公廣集團南部中心成為南台灣影視產業發展的關鍵基地」。

台語台南部中心的設立是我們平衡南北影視資源，為南部影視產業帶來活水的一項關鍵行動。在時任高雄市副市長史哲的積極推動及市長陳其邁的協助下，我們取得「高雄市圖書館總館小劇場」、市圖文創會館五樓的辦公空間等場地，再加上文化部的預算支持，正式讓南部中心落腳高雄。各位目前所在的場地，就是由高雄圖書館小劇場空間改造的節目攝影棚。對此，我們要對政府的支持表達誠摯謝意。

籌備過程中，台語台呂東熹台長積極尋覓空間，親自瞭解與接洽適合的縣市場地。各地方政府、傳播學界、台語團體以及各族群相關的教育及民間團體，都曾經協助過我們，媒合各種可能性，我要藉此向大家表達深深的感謝，因為您們是公廣集團打造更完善公共媒體路途上的重要夥伴。

公廣集團期許能夠運用公共媒體的傳播能力，活絡區域影視產業，樹立多元族群服務的典範。臺語台匯聚各方資源，第一年投入一億三千七百四十二萬的預算，並結合集團的能量，建立中南部最大、最專業的影視基地。除了各位所在的節目攝影棚，我們也打造位在市圖文創會館五樓的新聞攝影棚、副控室以及具備專業剪輯規格的辦公室。

空間規劃之外，公廣集團也帶來具軟實力的資源配置，包含影視人才以及在地節目企劃執行。目前已籌製《新聞透南風》、《文化相放伴》、《行仔內的話》、《上媠的花蕊》、《海味61號》、《文學小旅行》、《老先e講透機》等七個台語節目，另外也包含華語論壇節目《南部開講》。

透過多元節目在地製作，可將更多影視人才留在南部。南部中心的成員除吸納中南部在地從業人員外，也有北部返鄉服務的同仁，期盼未來有更多南部影視工作者加入，增加南部製作公司、獨立製片拍攝的機會。

除了傳播產業之外，我們期許與地方開展更密切的夥伴關係，並且發揮公眾近用的媒體功能。包括與高雄市電影館、高雄流行音樂中心等單位合作，攜手推動南部的影視音文化發展；與南部各大專院校如文藻、義守、中山、成大、南臺科大、崑山科大等校進行產學合作，培育新生代影視製作與行銷人才，同時透過表演、編劇、配音等工作坊建立臺語台人才庫。期許一系列在地結盟計劃，創造實習就業機會，讓南部傳播人才從就學到就業都能在地生根。

這次的啟用典禮定名為「公廣相放伴　影視透南風」（名稱為台語發音），「相放伴」在早期是指農忙時期互相幫忙的意思。公廣集團設立台語台南部中心不只是協助南部影視產業發展，也讓公共媒體有了更細膩、更開闊的在地視野。它是南方影視基地，也是南方文化活水，為影視產業增添活力，更為在地文化鼓動新潮，打開在地影視產業與文化風貌的各種可能性！向望鄉親作伙來相挺、大家鬥陣向前行！

（二〇二三年六月三日）

1.9

以社會對話超越兩難困局

《人選之人》的播映爭議與處理原則

一部戲劇的播出時程原本是簡單的政策考量，未料，公視該不該按原定計劃於二〇二三年十月下旬播出《人選之人——造浪者》這部戲劇，在主要演員之一的賴佩霞宣布加入副總統選舉連署行列之後，引發社會廣泛議論，亦使公視陷入左右為難的決策困局。但這個難題最後竟在未引發社會爭議的情形下順利收場，整個決策過程蘊含豐富的公共價值，委實值得留下紀錄。

《人選之人——造浪者》係台灣首部政治幕僚職人劇，對台灣的民主選舉做了相當深刻而生動的刻畫，並反映了台灣社會所存在的性別平權、死刑存廢、環境保育等多元社會議題。本劇係由公視與大慕影藝共同出品，於二〇二三年四月二十八日起授權 Netflix 於全球獨家播出，但公視與 Netflix 合約議定，《人選之人——造浪者》於平台上架半年後，即十月二十八日，可於電視頻道排播，公視並於同年八月二十八日起展開播出宣傳作業。

二〇二三年為我國第十六任總統、副總統選舉的競選年，社會大眾高度關注選情發展。依據中央選舉委員會排定的選舉時程，將於二〇二四年一月十三日舉行投票，並於九月十八日公告總統、副總統選舉被連署人名單，結果共有十組人申請，其中包括《人選之人——造浪者》演員在內，亦即飾演公正黨主席「林月真」的資深藝人賴佩霞。她在九月十四日接受郭台銘邀請，成為尋求公民連署參選的副總統搭檔，此舉立刻受到社會與媒體高度關注。

《人選之人——造浪者》在Netflix推出時，不僅很快就登上收視排行榜首位，亦引發觀眾高度迴響及網路熱議。賴佩霞參選之後，公視馬上面臨是否要如期播出《人選之人——造浪者》的難題，關鍵問題就在於是否因此影響選情？由於選情複雜而敏感，加上社會存在各種不同的意見，許多人因此認為這是公視的麻煩事，播與不播都會遭到批評。的確，即使公視內部亦存在仁智之見，九月十五日召開的董事會中，對於經管團隊提出是否延播的報告，董、監事間即出現不同角度的辯論。身為公視董事長，我則視此為公視與社會對話的好機會，可以透過這件看似簡單，實則涉及多元面向的議題，與社會共同面對不同的思維角度，探討不同的價值選擇。

商業媒體設若碰到相同問題，答案應該至為明確，就是如期播出，畢竟社會關注正是收視率或流量擴增的柴火，有什麼不好？對於不想多事的公共媒體而言，延期播出則是避免爭議最簡單，也最保險的做法。不過，公視董事們的多元討論或辯論正顯示了公共媒體的獨特性與存在價值。《人選之人》的播出課題涉及法令規定、倫理準則、社會影響等各方面的思慮，公視雖不必以商業利益為考量，亦不應陷入政治糾葛的泥淖。因此，經過多番討論之後，管理團隊參酌董監事們的意見，決定不立即落入延播與否的二元思維，除了再做深入的討論之外，也決定接受我的建議，進一步聽取公民社會的意見。

公視於董事會後發布的新聞稿如下：

【台北訊】

公視、大慕影藝共同出品的戲劇作品《人選之人——造浪者》於今年四月二十八日於Netflix上線。根據雙方之規劃，原先預定於平台上架半年後，由公視於十月二十八日接檔播出；首波宣傳也於八月二十八日啟動。

公視今（九月十五日）召開第七屆第十八次董事會，有關《人選之人》劇中演員賴佩霞宣布投入本屆總統、副總統選舉，公視是否仍照原定電視頻道排播等相關議題，聽取董事及監察人意見。

部分董事認為應該考量台灣電視觀眾收看的權益，且該劇係於二〇二一年十月十五日開拍，製作時間點遠早於賴女士宣布投入參選，並無為特定候選人量身打造意味。他們強調，相關法律並未明文限制公共電視不能播出此類戲劇，公視無須對探討政治、社會議題的戲劇過於自我設限。

惟也有董事表示，部分觀眾針對劇中人物背景、角色設定，與目前現實政治氛圍頗為接近，可能會有一定程度正反面聯想，並影響民意風向。他們指出，非新聞性節目對社會的影響可能更大，更難測，公視必須考量播出此劇所可能產生的影響，慎重以對有其必要性。

《人選之人——造浪者》的播出引起社會討論與對公視高度關注，公視董事長胡元輝表示，「公共媒體可透過此事與社會對話」。會後，公視管理團隊決議，此事涉及多層面議題，將就《人選之人》播出議題進行更細緻的討論，不論播出與否，都應該有更符合公共利益的思考與評估。

九月二十日，公視正式對外公告，於二十二日晚上就《人選之人》要如何在公視頻道播出？舉辦與公眾面對面交流活動，歡迎關心這個課題的朋友踴躍到現場交流。

許多朋友向我表示，他們對於《人選之人》戲劇如何播出？原本想法很簡單，後來看到其他人的意見，才發現這個問題涉及多個層面、不同角度的思考。確實，公視節目製作強調公共精神，其營運必須包容社會多元價值，如何處理節目製播事務自必須更為細緻與周延。經管團隊經討論後決定舉辦與公眾面對面的交流活動，正顯示公視作為公共媒體的特質。以下是公視當時發布的活動訊息：

【台北訊】

公視、大慕影藝共同出品的戲劇作品《人選之人——造浪者》，公視原定十月二十八日電視頻道播出，因劇中演員賴佩霞上週四（九月十四日）宣布投入選舉，引起社會討論，也關注公視是否如期播出。公視特別於本週五舉辦「《人選之人》如何播？公視與您面對面」公眾意見交流活動，期待各界提供想法。

九月十五日，公視第七屆第十八次董事會上，就劇中具特定形象的演員投入現實政治環境參選，公視是否仍照原定電視頻道排播等相關議題，聽取董事及監察人意見。會後，公視管理團隊決議，因涉及多層面議題，不論如期播出與否，就《人選之人》播出議題可進行更細緻地討論，應該有更符合公共利益的思考與評估。

公視董事長胡元輝也表示，「公共電視屬於國民全體，《人選之人——造浪者》要如何在公視頻道播出？當然應該與公眾面對面進行對話」。

胡元輝說，「公視節目製作強調公共精神，其營運必須包容社會多元價值，如何處理節目製播事務自必須更為細緻與周延。此次舉辦與公眾面對面的交流活動，正顯示公視作為公共媒體的特質」。

公視「《人選之人》如何播？公視與您面對面」公眾意見交流活動，將於九月二十二日晚間七時，在台北福華國際文教會館一樓前瞻廳舉辦，邀請引言人：公視董事劉昌德、公視監察人黃銘輝、台灣電視劇製作產業聯合總會會長林錫輝、資深媒體人范琪斐。參加者可事先上網 https://bit.ly/PTS20230922 報名。

活動也將全程於 YouTube 公視直播頻道（https://www.youtube.com/@ptslivestream）、臉書

「公視粉絲團」（https://www.facebook.com/PTS1997）、線上直播。

「《人選之人》如何播？公視與您面對面」公眾意見交流活動，不僅進行順利，而且得到許多寶貴意見。交流活動除線上直播之外，計有逾百位民眾至現場參與，並有十八位參加者在有限時間中積極表達了他們對《人選之人》是否延播的看法。整場交流正反意見皆有，但沒有叫罵，沒有失焦，發言來賓分別從各自的立場表達意見，也從中看到不同立場間的相互理解。令人鼓舞的是，許多發言者甚至擺脫是否應該延播的二元對立觀點，致力找尋降低任一決定所可能產生的負面作用。

此場交流活動不僅獲得諸多與會者肯定，亦令公視董事會及同仁更有信心處理此一爭議。經由社會對話的過程，我們發現台灣社會可以理性面對爭議，而社會對話亦確實有助於不同觀點的交流，進而促進公眾對公共媒體特質與價值的理解。應主持人要求，我在交流活動最後也代表主辦單位說了幾句話，除誠摯感謝大家的參與之外，亦吐露了聆聽全場交流活動後的感想。我表示，公視法明文規定，公共電視屬於國民全體，其經營應獨立自主，正因為公視是屬於國民全體，所以「我們不會關著門自己來做決定，我們邀請大家討論，一起來面對。我們知道這個社會有多元的價值，我們也希望透過這樣的討論過程，讓我們的社會、我們自己更進步」。

交流活動結束之後，除會議記錄公開上網之外，隔月召開的董事會也在十月十九日確認經管團隊依據交流活動、各方意見所做成的建議。公視決定於原規劃的十月二十八日起播出方被宣布入圍十四個金鐘獎項的《人選之人》，但改為連續兩週密集播出，並於播出時加入說明字卡及專家導讀，強調戲劇的虛構性質，並闡述《人選》劇情所具有的多元社會意涵，以避免或降低任何對選舉所可能產生的影響。公視對外發布的新聞稿如下：

【台北訊】

公視、大慕影藝共同出品，於本屆金鐘入圍十四項大獎的戲劇《人選之人——造浪者》（《人選》），今（十月十九日）於公視第七屆第十九次董事會上確認，將於十月二十八日起連續兩週的週六、日晚間播出。

公視與Netflix合約議定，《人選之人——造浪者》在今年四月二十八日平台上架半年後，即十月二十八日可於電視頻道排播；今年八月二十八日展開播出宣傳作業。但中選會於九月十八日公告第十六任總統、副總統選舉被連署人名單，共有十組人申請，其中包括《人選》演員在內。

因劇中人物背景、角色設定，與現實政治氛圍有其相似之處，公視決定慎重評估此劇的播出方式，並以公共利益及社會對話為出發點，於日前（九月二十二日）邀請公視董事劉昌德、公視監察人黃銘輝、資深媒體人范琪斐、台灣電視劇製作產業聯合總會會長林錫輝等人，舉辦「《人選之人——造浪者》公視如何播？」公眾討論會，並於線上公開直播，就如期播或延至選後播出進行細緻討論與思辨。

討論會中，劉昌德肯定表示，經過討論而非立刻決定延播是值得肯定的。范琪斐則認為，「我希望我們有一個很強壯的公共媒體，我們有一個很活躍的公共媒體，可以補足商業台沒有辦法做公共議題這件事情」。

而公視監察人黃銘輝會中也提醒，「公視當然不會很故意去製作一個節目要去宣傳特定候選人，但現在我們的問題就是出在，即使你的目的是中立的，但是如果這個節目播出的效應，它會有一個結果」。林錫輝則以業界角度出發表示，這個行業的從業人員常要面對政治表態問題，但也說「我希望我們在台灣，不應該有這樣的壓力」。

討論會中有逾百位公民來賓參加，也有人提出「加註警語」、「加速播畢」等實質建議。網路近兩千條的留言中，亦頗多期待本劇所呈現的性別、權勢、環保與廢死等社會議題，能於電視播出後引發真實世界的進一步討論。

綜合各項考量，公視決定於原規劃的十月二十八日起播出《人選》，但改為連續兩週密集播出，並於播出時加入字卡及導讀，強調戲劇的虛構性質，並闡述《人選》劇情所具有的多元社會意涵，以避免或降低對選舉所可能產生的影響。

《人選之人——造浪者》播映前，公視將以字卡說明「本劇於二〇二〇年即開始編劇，二〇二一年製作、選角，二〇二二年完成、二〇二三年四月於國際平台首播。戲劇內容純屬虛構，如有與現今相似之情況，純屬巧合，祈予明辨」。有關節目所蘊含的社會議題及公共價值，播出後也將透過管中祥、顧玉玲、鄭秉泓等專家學者的訪談進行分析與討論。

《人選之人——造浪者》以臺灣的選舉做為主創故事，勇於碰觸敏感的政治議題，展現政治幕僚在民主選舉過程中的奮鬥、挫折、妥協與執著。今年四月於Netflix國際影音平台、超過一百九十個國家與地區率先上架，讓全球觀眾看見屬於台灣的故事、民主的能量。本屆金鐘獎更入圍包括迷你劇集獎、迷你劇集導演獎、編劇獎，演員王淨、卜學亮、戴立忍、賴佩霞、蔡亘晏等，共十四項演員與專業技術類大獎。公視訂於十月二十八日起每週六、日，晚間九至十一時播出兩集，敬請觀眾不要錯過。

公視對外宣布《人選之人——造浪者》的播出決定之後，媒體立即予以報導，網路亦大量流傳，但政治圈與社會各界並未出現質疑聲音。中選會於二〇二三年十一月二十日至十一月二十四日間受理總統、副總統選舉候選人登記之申請，郭台銘與賴佩霞雖連署達到門檻，但郭台銘於十一月二十四日宣佈退選，最後並未登記參選。即使如此，由於公視自十月二十八日起每週六、日晚間密集播出兩集，全劇僅八集的《人選之人》，已早於十一月五日播畢。該劇並於十月二十一日舉行的金鐘獎頒獎典禮上榮獲迷你劇集獎。

歐洲廣電聯盟（EBU）在闡述公共媒體核心價值之一的「問責」（Accountability）時特別指出：「我們（公共媒體）追求開放。我們傾聽閱聽眾的聲音，並進行持久而有意義的辯論。」《人選之人——造浪者》的播出迴響與延播爭議，對於台灣民主而言，或許只是一道浮淺的印記，但對於公共電視來說，無疑是一個具啟示性的範例。它向社會再次闡釋了公共媒體的特質，並向公視同仁演示了公眾參與的價值！

1.10

承擔公共論壇的民主功能

二〇二四總統候選人辯論會主辦及主持感言

在公視同仁的辛勞規劃及籌備之下，總統與副總統兩場候選人的辯論會圓滿結束，我也終於順利完成歲末年尾被交付的責任：候選人辯論會的主持任務。這個時候很想說的一句話是：希望社會更能看到公共媒體的功能與價值！

台灣總統大選確實受到國際高度關注，據公視同仁於辯論會前一天告知，共有五十八家國內外媒體申請總統與副總統候選人兩場辯論的採訪證，突破歷史紀錄。相較前屆，來採訪的外媒有兩大特點，一是中東地區的通訊社 Viory 首度加入，二是日本主流大媒體都到齊。此外，與公視洽接訊號提供的外媒相當多，包括美聯社、路透社、BBC、NHK、VOA、RFA 等等。一如我在辯論會開頭所說：這是一場全球都在看的選舉！

總統候選人辯論從二〇〇四年第一次舉辦以來，已經成為我國選舉不可分割的一個部分，也是台灣民主一個具有特色的傳統，向來受到選民的高度期待，希望透過辯論會進一步瞭解候選人的政見主張及人格特質。公視與國內平面媒體自二〇〇四年起，即聯合主辦總統大選電視辯論，成為此一辯論傳統不可或缺的核心角色，承擔公共媒體作為公共論壇的民主功能。辯論當然不是檢驗候選人能力與品格的唯一途徑，惟不論候選人辯論是一種儀式或表演，善看者仍然可以從中察覺諸多民主意涵。

二〇二四總統與副總統候選人辯論會都只有一場，且安排在選舉活動的最後階段（二〇二三年十二月三十日與二〇二四年一月一日）舉辦，其折衝過程頗為曲折，公視主責同仁能夠協調完成實屬不易。身為公視董事長，很榮幸躬逢其盛，並和十家媒體合作，共同主辦本屆總統、副總統選舉候選人辯論會，為我國的民主發展盡一分心力。公視的製播團隊為此也費盡心力籌備，我以他們為榮。

辯論會結束時，看到同仁們臉龐的微笑，我瞭解他們終於可以把這段時間緊繃的心緒放下來了。因為他們知道，任何一個製播過程上的技術閃失，都可能被人誤會為故意的操作。反言之，同仁們也希望透過一個公正、成功的辯論會，向社會證明公共電視確實屬於國民全體，而且能夠為社會帶來正面發展的助力。

我有機會主持兩場辯論會，委實為個人媒體生涯中的特殊際遇，也謝謝各方的信賴與支持。我在副總統候選人辯論會開頭引言時說，每次選舉都將決定未來數年，甚至更長時間的國家發展方向，所以作為選民的每一個人都有責任思考如何投下手上的這一票。同樣的，媒體在民主選舉中也有很重要的責任，就是傳播正確、完整的資訊，讓選民可以負責任的投下手中這一票。這段話的確是個人從事媒體工作的信念。至於辯論會結尾時所說：「台灣的民主之路全球都在看，不要輕忽手中的這一票，因為它決定了你我的未來。」則是我對這場選舉的註解。

總統候選人辯論會結尾時，我表示：民主需要不斷深化及成長，三位候選人今天以辯論方式為台灣的民主實踐做出新的示範，期盼我們都能在公共利益的指引下，用心打造自己與國家的美好未來。相信這個心願不會只是自己的衷心期待，也是許多國人的誠摯盼望！

（二〇二三年十二月三十日／二〇二四年一月一日）

1.11

族群傳播是公共媒體不可推卸的責任

客家電視智慧財產權捐贈儀式致詞

能夠躬逢其盛，實在備感榮幸！

二〇〇七年，客家電視節目委由公視製播，並共組公共廣播電視集團；二〇二三年，族群傳播成為公視基金會法制化的業務，客家電視正式成為公視家族一員。上述兩個大轉變，我分別以總經理及董事長身分參與其中，怎能不感到與有榮焉。

針對後面這項變革，客委會昨天（二〇二四年五月六日）特別舉辦客家電視智慧財產權與硬體器材的捐贈儀式，內心頗為感動，也衷心期盼公廣集團能讓族群傳播的工作更上層樓。以下是我在典禮上的致詞內容：

今天是一個深具意義的日子，很高興能在此與大家分享這個重要的時刻，共同見證我國族群傳播與公共媒體關係的重要轉變。

對我自己來說，此時此刻，更是感到與有榮焉。二〇〇七年，我擔任公視基金會總經理的時候，依據新制訂的無線電視公股處理條例，客家電視以指定委辦的方式加入公廣集團；二〇二三年，公共電視法修正，讓客家電視從今年起正式成為公視基金會的一員，個人又以基金會董事長的身分躬逢其盛，實在備感榮幸。

客家電視從一開始的起步維艱，到現在法制化納入公共電視體系，是一段充滿奮鬥和成長的歷程，也象徵著台灣社會對客家文化的重視，以及多元文化的包容。就全球公共媒體所秉持的普及與多元兩個重要的營運原則來說，族群傳播是公共媒體不可推卸的責任，也是必須承擔的義務，未來客家電視將更具主體性及獨立性，在臺灣公共廣播電視體系中扮演更重要的角色。在此感謝客委會及文化部的大力協助。

過去二十年，客家電視不僅是客家族群的傳播平台，更已成為臺灣傳播生態系統的重要組成，累積了許多重要的影像紀錄與優質的影音作品。謝謝客委會能將這些豐碩的成果捐贈給公視基金會與客家電視。期許客家電視能以此立足，在未來的道路上不斷前行，不僅為客家族群提供更多精彩的節目，更要將客家文化推廣給全臺灣乃至全世界的觀眾。我們相信，在公視基金會的支持下，客家電視的未來必定更加璀燦、更加耀眼！

謹代表公視基金會再次向客委會及文化部表達感謝之意，也向客家電視表示衷心的祝賀與誠摯的祝福。讓我們攜手合作，共同為臺灣的傳播生態及影視產業做出更大的貢獻！

（二〇二四年五月七日）

1.12

大大的世界，從小小的開始
小公視 XS 開播記者會致詞

此時此刻，所有公視同仁的心情可以用「激動」兩個字來形容，因為一個以兒童與少年為主體的影音內容平台：小公視 XS，就要誕生了！

昨天（二〇二四年八月十六日）傍晚，公視在台北賓館舉辦「小公視 XS」開台記者會，這是我在記者會開場致詞的第一段話。迄今猶記得當時的心情，真的是有些激動，但也真是無比快樂，因為歷經一年籌備，終於要向社會宣布這個具有重要意義的公共服務。

昨天的記者會其實不只是一般意義的記者會，在公視同仁的設計下，我們還將台北賓館這個國家級的特殊空間，打造成孩子們的奇幻基地，邀請國家未來的主人翁進來「遊玩」。這個在白天進行的活動，一共安排了十四梯次，相信也「解構」了台北賓館的空間意涵。

同仁的辛勞是自然的，但大家不以為意。重要的是，我們要讓外界知道，公視對「小公視」兒少平台的想像，既開放多元，又活潑創新！「小公視」一點都不小，因為我們對它的想像無限開闊、無比深遠，就如同「XS」這個名稱的意涵，「X」代表未知數，象徵兒童的無限可能；而「S」則代表複數，意味著小公視希望集結各方力量，陪伴孩子成長。

以下是我在記者會的致詞內容，節錄下來供大家參考。

今天，所有公視同仁的心情可以用「激動」兩個字來形容，因為一個以兒童與少年為主體的影音內容平台：小公視XS，就要誕生了，而且是在這個具有悠久歷史的國家級接待場所正式向社會宣布。所有參與籌備的同仁在過去的一年中全力以赴，雖然辛勞，卻也無比快樂，因為這是一個具有重要意義的公共服務，必須順利達標。

公視開台之後，即陸續開播《水果冰淇淋》、《下課花路米》等兒童節目，雖然受到高度歡迎，但委實不足以滿足台灣兒少的多元需求。「小公視」兒少平台的建置及啟動，象徵一個新紀元的開始。公視將以全方位、多平台方式，推動兒少影音內容的製播。

所以，「小公視」不只是一個電視頻道，而是一個虛實整合的兒少內容服務平台；它也不會是枯燥無味的教育內容，而是生動有趣的學習資源；它更不會是以大人心態指導下的威權世界，而是以兒少為主體的交流場域。我們盼望「小公視」是一扇窗，可以讓台灣的兒少看見世界的多彩多姿；是一盞燈，可以讓他們前瞻人生的千百可能。

小公視XS能夠一步一腳印，邁向開台，我們要深深感謝各方的支持與鼓勵。首先要謝謝行政院與文化部鼎力支持，協助公視將夢想化為實踐；同時感謝立法院支持這項攸關兒少健全成長的重要計劃，讓公視得以向前挺進。我們也要感謝史哲政委在文化部長任內的積極推動，陳建仁院士在行政院長任內的溫暖呵護，以及教育部在許多專案上挹注經費。最後，要感謝所有兒少內容製作業者的齊心協力，攜手成就更健全、更完善的兒少視聽環境。

大大的世界，從小小的開始。期待「小公視」的持續耕耘，能夠作為台灣兒少內容製作的中堅力量，以及學校教育資源的活水源流。更重要的，成為台灣兒少健康成長的最佳夥伴。「小公視」志氣高，要讓兒少胸懷大世界、大人常保赤子心！

我謹代表公視感謝各位貴賓的蒞臨及媒體的參與，並祝大家健康快樂，常保赤子心！

（二〇二四年八月十七日）

1.13

永恆課題的探索

《深淵的回望》紀錄片首映會觀後感

回望，未必是一種陷溺，而是前行的動力。

人生的旅程中，每個人或多或少會駐足回首。公視今晚（二〇二四年九月五日）十點將播出的《深淵的回望》紀錄片，則是藉由一個特殊群體的回望，重新回顧一個巨變的年代，一個值得好好回望並作為前行養分的年代：解嚴前後。

紀錄片的製作與推廣一直是公共電視的重要任務，其原因不只是因為紀錄片不容易獲利，因此難以取得商業媒體的支持，更重要的考量點在於它是這個社會以及在這個社會、這塊土地上生活者的紀錄，而且是有觀點，有視角的紀錄，讓我們得以觀照、得以反思。

為了強化紀錄片的製作與服務，本屆公共電視董事會組成之初即通過決議，提撥一筆特別預算來支持台灣的紀錄片工作者。謝謝公視紀錄觀點製作人蘇啓禎及團隊同仁的規劃，近年來佳作不斷，昨天下午再度以首映會形式向社會推介具高度時代意義的《深淵的回望》紀錄片。

我有機會先睹為快，深受感動。對我來說，《深淵的回望》是一個特定時代的追尋，也是一個永恆課題的探索。

《深淵的回望》所記錄的時代正是台灣社會風起雲湧的解嚴（一九八七年）年代，它以《人間雜誌》、自立報系兩份刊物的攝影工作者為主角，記錄了他們的工作身影及時代刻痕，而那個年代也正是我在報社工作的青春歲月，而且恰恰是在自立報系工作，因此有幸成為好幾位被記錄的攝影工作者的同事。

對於年輕世代來說，觀看這部紀錄片，可以藉此回顧大時代的社會變遷。對於我這樣一個有機會見證並參與這個時代的媒體工作者而言，觀看是種融入式的回望，也是反身性的回望，不免感觸良多。

那個時期，我在自立報系的職務由政治新聞組召集人逐步變換到總編輯，但無論是什麼職務，都以「記者」角色為本職，也因此對諸多社會事件仍「無役不與」。沒錯，就是新聞記者，就是剛過的九月一日所標示的一種社會角色，也是表象上愈來愈少人有興趣的工作角色。

回想起那些在街頭採訪的時刻，在編輯台主持編務的時刻，《深淵的回望》紀錄片中那些可愛可敬，又不時頑皮搞怪的攝影同事們，不禁一一浮現眼前。

紀錄片中的這些攝影工作者並不只是攝影機的玩家，他們試圖透過影像理解自己所處的時代，詮釋自己所面對的事件，甚至改變當時的社會狀態或社會體制。正因為如此，所以他們必須面對一些超越特定時代的永恆課題。

例如：究竟攝影工作者與社會的關係是什麼？攝影作品與觀看者有何連結？攝影者與被攝影者間的關係又是什麼？兩方必須建立何種信任關係？曾經拍攝龍發堂病患的攝影工作者侯聰慧，在紀錄片中對於精神病患為何「容易拍攝」提出解釋：因為精神病患是退縮的，不會拒絕也不會抗拒。「那個時代，拿相機是一個霸權的東西」。這是一個攝影工作者的自省，如此弔詭，又耐人省思。

毫無疑問，攝影是見證，也是參與；是旁觀，也是介入。看完影片之後，我們對這些永恆的課題或許各有答案，或許沒有答案。但應該會有更深刻的理解，並在求索的道路上獲得更有力的憑藉。

附註：《深淵的回望》所紀錄的八位紀實攝影家分別是何經泰、謝三泰、蔡明德、鍾俊陞、侯聰慧、廖嘉展、顏新珠，以及後期參與的許震唐。

（二〇二四年九月五日）

1.14

建構公共價值夥伴關係

《聽海湧》特展的深層意涵

公視最近以二戰時期台籍戰俘監視員為背景，推出了《聽海湧》時代劇，受到廣泛關注及討論。但《聽海湧》畢竟是戲劇，當時的狀態究竟如何？這就必須讓史料說話了。

位於台南的國立台灣歷史博物館（簡稱台史博），特別和公視等單位合作，推出「聽海湧與它的時代：二戰下的台籍戰俘監視員」特展，我也因此有機會於十多年後，再訪這個國家級的博物館，並為「公共價值夥伴關係」（Public Value Partnership）的理念做個推動。

《聽海湧》劇集籌拍初期，台史博曾提供珍貴史料與收藏供主創團隊參考。播映之際，館方邀集學者專家推出《聽海湧》特展，希望讓民眾對於台灣參與二戰、台籍戰俘監視員的故事，以及真實歷史的背景有更多的認識與瞭解。公視與台史博都是推動文化發展的公共服務機構，雙方攜手辦展，促進民眾對自身歷史的瞭解及反思，應有助於公共價值的實踐，也是國外學者倡議「公共價值夥伴關係」理念的展現。

公視長期致力推動優質戲劇製作，特別是具有豐富歷史意涵，可讓觀眾建立歷史意識的時代劇。我們相信，一部好的戲劇可以感動人心，也可以觸動反思，《聽海湧》是這個想法的最新註腳。我們也期待在這片土地上生活的多元族群，因為戲劇的啓發，彼此能有更多的理解與對話。

我在特展揭幕活動上感謝台史博張隆志館長及策展團隊在《聽海湧》籌拍初期的協助，以及播映階段的特展規劃。這項特展除了珍貴的館藏可以細細觀賞之外，還可以親眼見到《聽海湧》主創團隊精心打造、還原歷史的場景與道具，相信看展的朋友應該會有「穿越時空」的深刻感受。

我在致詞時還透露一個小故事。大約十八年前，吳密察先生擔任台史博館長的時候，他曾接受我的一個大膽建議，將博物館部分園區結合旁邊的台糖土地，逐步建置為台灣的影城，並由台史博負責營運，藉以解決台灣影視業者製作歷史片的需要，並讓台史博透過大眾化的影視製作活動與場景保留，吸引大眾參觀台史博的「真實」歷史展示。

這項建議雖然得到多方肯認與支持，但令人遺憾的，最後仍然胎死腹中。所幸，同樣位在台南的岸內影視基地近年來已經跨出台灣影城建置的第一步，「《聽海湧》與它的時代」特展，以結合真實史料及影視製作的方式呈現，也算是當年遺憾的另類「彌補」了。

《聽海湧》導演孫介珩參與特展導覽，解說拍片時的諸多挑戰及用心之處，引人入勝。劇中「三兄弟」也出席了特展開幕活動，活潑、俏皮、生動的肢體語言及答問風靡全場，不愧是傑出演員。此外，朱約信為開幕表演特別製作專曲，風格獨具，同樣吸引眾人目光。

（二〇二四年九月十日）

1.15

培育耳聰目明的數位公民

公視協辦首屆全國性媒體素養週活動

推動多年的全國性媒體素養週活動，終於在今天（二〇二四年十月十二日）上午正式揭幕。台灣能夠與國際接軌，舉辦這項有助於公民素養及民主深化的活動，雖然有些延遲，心中仍舊感到分外高興，而且希望一年一年紮實辦下去，不要變成放煙火式的活動。

二〇二〇年初，我從防制假訊息的角度撰文，首度呼籲政府舉辦媒體素養週活動。隨後，就在教育部媒體素養推動會上以委員身分正式提案，建議每年舉辦此一活動，並以《數位時代媒體素養教育白皮書》撰寫小組召集人的身分，建議納入白皮書中的行動方案。兩項建議最後皆獲得認同。

從最初的倡議到付諸實踐，共經歷四年多的時間，可謂好事多磨。今年首度舉辦的媒體素養週活動，由十月十二日起至二十日止，為期九天。中央部分是以國立台灣科學教育館為基地，並以「遍地開花」的精神，在各地方舉辦媒體素養相關活動。公視也積極參與，成為協辦單位。

媒體素養週（Media Literacy Week）是全球性活動，許多國家都已舉辦多年。例如加拿大自二〇〇六年起由非營利組織「媒體智能」（MediaSmarts）主辦，歷史悠久。美國則是受加拿大啟發，由民間團體「全國媒體素養教育協會」（National Association for Media Literacy Education）自二〇一五年起開始辦理，今年正好是第十屆，舉辦時間是十月二十一日至二十五日。

早於美國，聯合國教科文組織從二〇一二年即於全球推動媒體與資訊素養週活動（Global Media and Information Literacy Week），歐盟也自二〇一九年起舉辦「歐洲媒體素養週」（The European Media Literacy Week），可以說起步都比台灣早。

為何要舉辦這類全國性活動？難道只有在活動舉辦的這一週才要推廣媒體素養嗎？答案當然是否定的。正因為大眾所身處的數位傳播生態，不僅快速變遷，而且深深影響每個人的日常生活，有賴強固的媒體素養來運用其所帶來的好處，降低其可能產生的風險，所以才需要每年都透過一個大型活動，向社會宣示與提醒培育自身媒體素養的重要性。

美國的主辦單位NAMLE就指出，媒體素養週的使命是強調媒體素養教育的力量及其在全國教育中的重要角色。此項活動透過數百個合作夥伴在全國各地舉辦活動，藉以呼籲人們關注媒體素養教育。所以我在媒體素養推動會提案時就強調，舉辦這個活動的目的在於提升全社會對於媒體素養重要性的覺知，以及媒體素養教育的實施成效。

既然是要增進全社會的覺知，媒體素養週活動自然要結合中央與地方，政府與民間來共同推動，以期擴大公眾參與。同時，須透過多元形式推動，例如展示、演講、研習、競賽、遊戲、工作坊、研討會，或透過各種媒材與媒體進行推廣、宣傳，以期深入公眾生活。

我國今年舉辦的媒體素養週活動，以「AI 新時代，學習跨世代」為主題，呼籲大家一起推動終身學習，成為高品質的數位公民。活動形式包括一系列的舞台表演、講座、工作坊、影展、書展、終身學習市集等，頗為豐富，已粗具規模。

公共電視作為媒體協辦單位，除了在科教館舉辦講座、工作坊及影片放映外，並在網路及電視頻道上規劃了媒體素養影展。其中電視頻道是在「小公視」頻道的每天（十月七日至二十日）下午四點播出，網路則是在「公視新聞網 PNN」做專題策展（十月一日至十一月三十日），讓有心教學的教師及有興趣學習的大眾都能很方便的使用這些素材。

全球各民主國家多於近年強化國民的媒體與資訊素養，以期因應嶄新的數位資訊生態及假訊息所帶來的影響。媒體素養已經是公民素養不可或缺的重要組成部分，缺乏足夠的媒體素養不只容易被詐騙、被利用、被思想綁架，更重要的是，無法充分享受數位傳播所帶來的樂趣及權利。歡迎大家有機會也去科教館走走，或參加全台各地所舉辦的媒體素養活動，讓自己成為耳聰目明的數位公民！

（二〇二四年十月十二日）

1.16

挺進AI時代的公民新聞

PeoPo公民新聞獎頒獎典禮手冊短文

毫無疑問，若要追溯台灣公民新聞的開端，自與公視無涉，但若要討論台灣公民新聞的推廣與壯大，公視所建置的公民新聞平台PeoPo，應當會是多數人認同的關鍵因子。此一於二〇〇七年四月正式上線的平台，係我在擔任公視總經理時所推動成立，希望藉此促進公民參與、培力公民素養。如今在同仁們的持續灌溉與用心推廣下，業已穩定運作逾十八年，且依然受到許多公民記者、NGO與學生們的重視。

公視的PeoPo團隊不僅推廣公民新聞，並在每年年末舉辦公民新聞獎競賽活動，以鼓勵有心的公民記者們。面對未來，公視是否需要改變它在公民新聞領域所扮演的角色？其推動策略應有何種轉換？甚至，已多次改版的PeoPo平台還可以進行何種革新？當然都是值得思考的課題。以下是我在三年服務期間為公民新聞獎頒獎典禮手冊所寫的短文，或許可以作為思考這些問題的參考。

當公民新聞種子長成活力滿滿的小樹（二〇二二）

二〇〇七年四月，台灣第一個完整建置的影音公民新聞平台——PeoPo——正式上線，晃眼之間，已逾十五個年頭。回顧一路走來的歷程，有滿滿的感動，更有無限的期許。

猶記得PeoPo創立之前，台灣社會對公民新聞相當陌生。因此，PeoPo創立記者會上，時任總經理的我與包括社區大學在內的多位NGO夥伴們，一起象徵性地在台灣各地撒下公民新聞的種子，並且灑水澆灌，期待公民新聞的概念能夠在各地生根發芽。今天看來，PeoPo的確開了花，結了果。

在PeoPo的積極推展下，公民新聞的概念已經逐漸開枝散葉，從學生的公民課程到社區大學的終身教育推廣，有愈來愈多的人瞭解，如何透過公民新聞自主發聲，並參與公共事務。如今PeoPo公民記者人數已累積超過一萬兩千人，PeoPo也成為一個可以讓觀眾看到多元、在地、另類訊息與觀點的平台。

PeoPo公民新聞平台上有許多的老朋友與新朋友，有的公民記者從PeoPo初創時就加入至今，堅持的毅力讓人動容；有的公民記者則是新夥伴，充沛的熱情同樣令人感動。不論是舊雨還是新知，我都要謝謝您們的參與，共同成就 PeoPo 成為一個充滿生命力的資訊平台，而且是台灣屬於公民的公共領域。

十五年的時間累積，當初種下的公民新聞小種子，現在已經成為一棵充滿活力的小樹。未來公視將挹注更多資源澆灌，讓 PeoPo 能夠持續成長茁壯。不只開花，而且花團錦簇；不僅結果，而且果實纍纍！

看見第五權的價值　就在 PeoPo（二〇二三）

公民新聞的功能與力量在哪裡？這是公民新聞推動者與實踐者不時反思的課題。時至今日，讓大眾媒體對公眾問責（負責），仍是許多人堅定不移的答案，對於媒體信任度只有 28% 的台灣而言，這項功能更是重要。

二〇〇七年四月，台灣第一個完整建置的影音公民新聞平台——PeoPo——正式上線。在 PeoPo 的積極推展下，公民新聞的概念已經逐漸開枝散葉，從學生的公民課程到社區大學的終身教育推廣，已經有愈來愈多的人瞭解公民自主發聲的重要性。

如今PeoPo公民記者人數已累積超過一萬兩千人、平台上的報導亦達一萬八千多則。有的公民記者從PeoPo初創時就加入至今，堅持的毅力讓人動容；有的公民記者則是新夥伴，展現旺盛的參與能量！

PeoPo致力讓公眾從被動收看者，成為主動傳播者，因為良好發展的公民新聞可以制衡大眾媒體的錯誤報導，突破主流媒體的壟斷視角，讓公眾看到值得關心的角落、應該思索的議題。感謝大家的熱情參與，共同成就PeoPo成為一個公眾參與的資訊平台，以及守護公共利益的民意堡壘。

眾志成城，PeoPo將繼續讓台灣社會看見公民的力量，看見公民新聞的價值，發揮第五權的防火牆功能！

挺進AI時代的公民新聞（二〇二四）

AI浪潮席捲全球產業，人類的生活世界莫不受其影響，新聞領域亦不例外。許多人認為，AI協作新聞業或新聞室（AI-Assisted Journalism / Newsroom）不是未來式，而是現在進行式。那麼，處在AI浪潮下的公民新聞又當如何因應？

其實，許多公民記者已經運用AI工具來強化自身的採訪力或報導力，就如同機構媒體中的記者一樣，不少公民記者都運用生成式AI工具，如ChatGPT、Midjourney等來協助搜尋與查核資料，撰寫新聞初稿，繪製圖表，或是草擬標題與摘要。

因此，AI對公民記者來說，同樣是創作公民新聞的好幫手，如果能夠善用，將大有助於公民新聞的產製與傳播。但就如同其他科技工具，AI也可以讓假訊息、偏頗言論的傳播如虎添翼，讓有心呈現事實、報導真相、促進弱勢發聲、開展多元對話的公民新聞遭到淹沒或扭曲。

顯然，AI科技對於公民新聞來說，既是機會，也是威脅。如何發揮AI科技的潛能，並且讓它產生正面作用，已是公民記者新的責任與挑戰。對於致力推動公民傳播權的PeoPo公民新聞平台來說，也是新時代的挑戰與課題。

十七歲的PeoPo公民新聞平台，已有超過一萬三千人登錄為公民記者，累計十九萬則以上的報導，即使面對AI時代的到來，也未失去它的角色與價值。既然如此，我們顯然需要更積極面對AI科技，以負責任並符合倫理的方式運用它、開發它，讓它成為每個公民記者以及公民新聞平台向前邁進的利器，進一步促進資訊的民主化、優質化！

公民新聞挺進AI時代，我深切期盼，也深具信心！

1.17 每一筆捐助都是成就美好的力量！

今天是個特別的日子，我要特別感謝兩個人，並向他們致上深深的敬意。

兩個人的人生歷程很不相同，社會知名度亦可謂迥然有別，但都給了台灣公共媒體很大的鼓勵與支持。一位是今天（二〇二四年十二月十八日）過八十大壽的施振榮董事長，另一位是昨日將保險受益人指定為公視的低調捐款人。

施振榮先生不用我多做介紹，相信許多人都認識。但，大家或許知道他是宏碁公司的創辦人，甚至也有不少人知道已經退休二十年的施先生，迄今仍然推動各項社會創新事業，不認人之將老，致力結合各方資源，推動社會變革。

但，我想鮮為人知的是，他是公廣集團任期最久的董事，歷經三屆董事會，依然精神奕奕的為公視與華視的發展添柴火、開新路。曾經被詢問是否願意擔任公視董事長的施先生，雖然當年婉拒了這項邀約，仍以董事身分，持續協助公廣集團的發展。最近還在報端為文，呼籲支持華視的創新創業，因為「不變革就會被淘汰」。

另一位將保險受益人指定為公視的「無名氏」，之所以會這麼做，據同仁告知，他是在隨團參觀公視之後做了這項決定。公視為爭取企業或個人的捐助，會安排及邀請已經或尚非「公視之友」的各界人士來公視參訪，希望藉由認識公視進一步認同公視。

這位令人感動的捐款人日前參加一位公視之友所組織的參訪團，這也是他第一次來到公視參觀。每次有這樣的機會，我都會請同仁安排半小時左右的時間來跟大家交流，同仁也都盡心盡力，讓參觀者理解公視在做什麼，以及它的存在價值。未預期的是，這位低調的捐款者在結束參訪之後就將他的保險受益人指定為公視，令大家非常感動。

公視的經費來源，除了政府依法捐贈的經費之外，還包括各種自籌財源，其中之一就是企業及個人的捐助。毫無疑問，只有在一個人真正認同捐助對象的功能及成果之下，捐款才會穩固而持久。施振榮先生與低調的捐款人用心無二，他們都相信，台灣會因為公共媒體的存在而更為美好。

我衷心感謝他們，也誠摯感謝所有曾經幫助或鼓勵過公廣集團的朋友，我們會善用來自大家的捐款，因為我們深信公共媒體是追求美好的力量（a force for good），而每一筆捐助都是成就美好的力量！

（二〇二四年十二月十八日）

輯 2

戲劇造流

2.1

造浪者的雙面刃效應
公共媒體與串流平台的競合

十餘年前，很少人能夠想像串流平台會造成全球影視傳播生態的結構性變化，如今，透過國際影音串流平台追劇已不只是許多閱聽眾的主要觀劇行為，也已成為改變全球影視傳播的特殊文化現象。對於影視產業居於弱勢，文化主體處於劣勢的台灣而言，究竟該如何看待國際串流平台的影響？特別是以傳承本國文化，推動產業發展為宗旨的公共媒體，又該如何面對串流平台的衝擊？

台灣公共電視近年來在戲劇耕耘上成果耀眼，從二〇一七年首播的《通靈少女》獲得高收視率及金鐘獎迷你劇集獎開始，包括《火神的眼淚》、《我們與惡的距離》、《斯卡羅》、《茶金》、《我的婆婆怎麼那麼可愛》、《人選之人——造浪者》、《村裡來了個暴走女外科》、《聽海湧》、《不夠善良的我們》等劇，皆贏得閱聽眾的青睞與口碑，並獲得國內外重要獎項的肯定。因此，不少評論者將公視譽為台劇的重要推手，甚至賦予公視在台劇乃至台流推動上的高度期待。

《人選之人——造浪者》突顯與平台的微妙關係

但《人選之人——造浪者》（*Wave Makers*）與國際串流平台 Netflix 的合作方式，卻促使公視更深入、更多元的評估其與串流平台的關係。二〇二三年推出的《人選之人——造浪者》是一部公視與大慕影藝聯合出品的戲劇，以台灣民主選舉為背景，政治幕僚職人為題材，探討諸多社會議題在選舉中所面臨的政治抉擇，鮮活呈現了台灣民主的理想面與現實面。有意思的是，此一叫好又叫座，且由公視大筆投資的戲劇，竟是先於 Netflix 全球獨播半年之後，方由公視於電視頻道播出。

外界對於此種播映方式並未出現質疑，但公視內部對於與 Netflix 的播放協議其實頗有掙扎，最後方取得 Netflix「先播」但不能「獨播」的共識。依照 Netflix 獨播的原初構想，《人選之人——造浪者》將成為 Netflix 的原創作品，亦即公視與大慕影藝只是單純的委製方，但可以得到高額製作經費的回報。而如果公視要播出該劇，不論如何播，都會降低其「經濟價值」，此使合作夥伴大慕影藝失去高獲利與累積投資籌碼的機會，同樣的，公視也減少了增加自籌款以及製作新戲的資源。

不過，公視經費以政府預算為主，亦即來自全民的納稅錢，公視製作的戲劇如果只能提供Netflix的台灣訂戶觀賞是否妥當？此為公視不得不思考的關鍵課題。不可諱言，台劇需要邁向國際，台灣民主亦需要讓更多的國際人士有所認識，而Netflix的全球播映不只可以獲取經濟利益，同時也可以將台劇推向國際市場，但在公共服務的斟酌下，公視最後還是決定降低經濟利益的考量，在仍然有所獲利的條件下，協議取得Netflix全球獨播半年之後，再由公視於電視頻道播出的權利。

《人選之人──造浪者》個案著實反映了台灣公共媒體與國際串流平台「既愛又怕」的微妙關係。公共媒體害怕者，不只是某些利益的損失而已，更令人擔心的是，整體產業遊戲規則的「被制約」，乃至文化主體的「被貶抑」。但對於任一影視實力有限的國家而言，Netflix是製作資金的重要來源，又是極佳的文化輸出途徑，豈能不對它「示愛」呢？至於台灣的影視製作公司，並無太多公共利益的壓力或考慮，相對而言，愛得多，怕得少，都希望獲得Netflix的青睞。

《人選之人——造浪者》的最後協議方案，讓各方投資者仍可以從 Netflix 獲利，得到繼續製作好戲的柴火，而且引發許多國際觀眾對台灣民主的理解，包括中國大陸翻牆觀劇民眾的認同，應該是正面價值居多的案例。但公視乃至台灣影視產業仍然有必要從更長遠、更宏觀的角度來思考其與國際串流平台的關係，否則日後回顧，此部在 Netflix 全球台劇收視紀錄排名第二的戲劇，可能只是一個閃亮的個案，而非推動台劇國際化的重要支點。

Netflix 的發展歷程與營運策略

毫無疑問，成立於一九九七年八月二十九日的 Netflix 乃國際影音串流平台的龍頭，即使近年來面對多平台競爭的「串流戰爭」，Netflix 的全球訂戶數仍遠高於 Prime Video、Disney+、Max、Paramount+ 與 Apple TV+ 等競爭者。據 Netflix 財報顯示，該平台二〇二四年全年營收為三百九十億美元，較前一年成長 16%，營業利益率（Operating Margin）增加六個百分點，達到 27%，而且營業利益（Operating Income）首度超過一百億美元（註一）。二〇二四年底，Netflix 的全球會員人數已達 3.02 億，在台灣亦為訂閱率最高的 OTT TV。據國際市調機構 Media Partner Asia（MPA）的調查，二〇一六年初進入台灣市場的 Netflix，至二〇二三年的訂戶數達 121.8 萬戶，訂閱率約 21%，為各平台之冠（註二）。

Netflix 成立時原只是以 DVD 郵寄出租服務為主要業務，至二〇〇七年方導入串流服務。二〇一一年，Netflix 開始購買與產製原創內容，並於二〇一三年二月播映首部自家產製的原創作品《紙牌屋》（*House of Cards*），獲得廣泛迴響。二〇一八年第二季，Netflix 的國際營收首度超過美國本土營收。作為一家美國本土起家的公司，Netflix 目前在美國的訂戶數尚居第二名，何以能夠發展成全球的龍頭，並影響全世界的影視產業走向？不少研究及專家都認為，內容策略是其中的關鍵因素。

依據愛爾蘭學者路易斯・布倫南（Louis Brennan）的分析，Netflix 的全球擴張可分為三個階段。第一階段始於二〇一〇年九月，Netflix 從與美國本土市場相似的國家，如加拿大，緩慢開始境外服務。第二階段則依據相似性程度、寬頻普及率與富裕消費者數量等因素，相對快速及廣泛的擴展至約五十個國家（二〇一五年）。此一階段，Netflix 將自己融入在地文化和偏好，注重與在地利益關係人建立夥伴關係。到了第三階段，Netflix 結合前兩階段經驗，快速進入一百九十多個國家。此一階段則憑藉對人們內容偏好與行銷策略的瞭解，加入更多語言的服務、優化全球內容的個人化演算法，並改善行動體驗（註三）。

誠如布倫南的分析，Netflix 的成功一方面得力於它的全球性發展策略，另方面則受惠於它進入各國市場的在地化策略。關於 Netflix 的在地化策略，根據其高階主管及許多專家的分析，至少包括兩個方向。其一是透過原創國際內容以連結在地觀眾，吸引全球消費；其二為建立在地產業的夥伴關係，以期創造雙贏。對於前者，Netflix 執行長泰德・薩蘭多斯（Ted Sarandos）的說法是：「我們的信念是偉大的故事超越國界」、「我們並不想要為全世界製作更多好萊塢內容，而是想將各地製作的內容分享到世界其他地方」。澳洲學者拉蒙・洛巴托（Ramon Lobato）在他的著作中，則以「全球品味的根本本地性（fundamentally local nature of global taste）」來形容 Netflix 的內容特質。與此類似，英國學者吉恩・查拉比（Jean Chalaby）以「內容的可移轉性」（Content Portability）來描述 Netflix 策略的核心要義（註四）。

Netflix 投入大筆經費於內容製作，不僅大幅提高戲劇內容的製作費，造成全球影視內容製作業者的高度壓力，更為它帶來愈來愈多的全球付費訂戶，形成正向循環的商業模式。英國全球娛樂市場研究公司 Ampere Analysis 的調查報告即指出，Netflix 乃全球串流內容的最大投資者，COVID-19 疫情爆發之後，其在原創內容及節目採購上的平均每年支出為一百四十五億美元，二〇二四年更達到一百六十億美元（註五）。許多研究或報導亦顯示，這些龐大的內容投資之所以能夠有效吸引全球觀眾，乃奠基於 Netflix 強大的消費者洞察與資料分析能力。

Netflix 的在地夥伴策略包括內容與行銷兩個層面的連結。就內容面來說，主要是與在地內容業者合作產製原創內容，藉以掌握甚至壟斷優秀人才及其作品。Ampere Analysis 的研究指出，Netflix 的國外內容投資比例愈來愈大，目前已超過總投資的半數。以二〇二四年為例，非美國本土內容的投資即占總投資金額的 52%，因為此類內容通常製作成本較低，並且能夠有效激勵新觀眾或利基觀眾（Niche Audiences）加入訂閱行列。此外，Netflix 也會透過人才培育、專業研習與設置製作中心等多元形式，建立與在地影視產業的夥伴關係。以台灣為例，Netflix 於二〇二三年與文化內容策進院簽訂合作備忘錄，攜手舉辦各類型工作坊，協助將台灣優質影視作品推廣到國際市場（註六）。

至於行銷面，Netflix 在各國皆會與既有通路如在地電信公司、有線電視乃至各種線上付費平台結盟，以期有效擴大推廣途徑。以台灣為例，Netflix 於二〇一九年上架中華電信 MOD，二〇二四年底深化合作，於中華電信行動、寬頻、影視用戶，推出全業務的專屬優惠，藉以擴大台灣訂閱戶規模。以上分析顯示，Netflix 的在地化策略涵蓋內容與行銷等多層面作為，但閱聽眾如果對平台內容不買單，仍將功虧一簣。因此，平台內容如何與在地市場接合，可謂 Netflix 全球策略的重中之重。

公共媒體與串流平台

國際串流平台的全球崛起對於傳統影視業者，特別是廣電媒體，可謂影響鉅大。其影響除了造成閱聽眾「位移」，降低了傳統廣電平台與頻道的消費時間外；另一個閱聽眾不易察覺到的影響則在於內容製作面的深度衝擊。國際串流平台所採取的高成本及創新內容產製策略，對傳統廣電業者的影響不僅僅是高製作規格的經費挑戰而已，抑且使廣告營收已大幅降低的傳統廣電業者面臨製作人才流失的高度壓力。這些影響不僅出現在商營的廣電業者，對於公共媒體亦然。

以公共媒體仍擁有相當市場占有率及影響力的歐洲而言，二〇一二年之後約四年間，Netflix 承諾斥資 17.5 億美元製作歐洲原創作品。其所製作的《王冠》（*The Crown*），第一季於二〇一六年十一月四日上線，十集製作費據報導達 1.3 億美元，對於歷史劇製作大宗的公共媒體如英國 BBC 來說，立即造成不小壓力。英國各電視台為因應戲劇製作成本日益提高，只能積極推動合資製作策略，除傳統電視業者之外，合作對象亦包括 Netflix、Amazon 等影音串流平台。

BBC近十餘年來的戲劇合作夥伴相當廣泛，遍及國內外，包括HBO、AMC、SundanceTV、WGBH、FX、BBC America、Starz、Netflix、BBC First（澳洲）、UKTV、Arte等。在合資製作的戲劇上，BBC通常擁有該劇的英國首播權，串流平台則擁有該劇播出之後在英國境外播放的權利。以下藉由幾個具體案例來說明BBC與不同平台的合作政策，以及製作費用的變化。

BBC與美國有線電視AMC共同投資的間諜驚悚片《夜班經理》（*The Night Manager*），係於二〇一六年二月二十一日於BBC One首播，AMC則於二〇一六年四月十九日首播。獲艾美獎與金球獎肯定的《夜班經理》，係由獨立製作公司The Ink Factory製作，據報導每集製作成本為三百萬英鎊，當時英國電視公司黃金時段電視劇預算通常不超過每小時七十萬至八十萬英鎊。每集三百萬英鎊的製作費雖離《王冠》仍有一段距離，但足以顯示BBC為因應不斷提高的戲劇製作費用，已不得不拉升製作規格以為因應。

Netflix於二〇一二年初進入英國市場，BBC與Netflix之間的合作在後者進入英國市場前即已開始，主要是將其節目授權於北美及中南美地區播映。二〇一二年起，BBC開始授權其影集於英國與愛爾蘭的Netflix平台播映，隨後亦逐步展開節目合製計劃（註七）。不過，雙方在不同階段、不同案例上的做法未必全然一致。例如《最後的王國》（*The Last Kingdom*）第一季原本是由 BBC Two 與 BBC America 出資委製，Netflix 只是購播。因此，在播出的時間上，BBC 採取優先播出的策略，由 BBC America 於二〇一五年十月十日先播，BBC Two 於二〇一五年十月二十二日播出，再自二〇一五年十二月起陸續授權 Netflix 於其他國家播出。但該劇第二季改為 BBC Two 與 Netflix 合資拍攝，BBC Two 於二〇一七年三月十六日首播，Netflix 則於二〇一七年五月五日起於其他國家播出。兩季之後，Netflix 取得授權，獨立製作後續三季。

《特洛伊：陷落之城》（*Troy: Fall of a City*）是由 BBC One 委製，BBC One 與 Netflix 合資拍攝，每集經費約兩百萬英鎊。但 BBC 仍採取優先播出的政策，由 BBC One 於二〇一八年二月十七日在英國首先播出，同年四月六日才由 Netflix 在英國以外地區播放。另一個案例是破英國收視紀錄的《內政保鏢》（*Bodyguard*）影集，由 BBC 與 ITV 旗下的獨立製作公司 World Productions 合資製作。在播出時間的安排上，BBC One 於二〇一八年八月二十六日播出第一集，九月二十三日播出最後一集，至於獲得英國、愛爾蘭及中國以外播出權利的 Netflix，則是於二〇一八年十月二十四日上線，而根據英國衛報報導，Netflix 雖然在《內政保鏢》拍攝前就獲得其版權，但直到播出最後一集時才對外宣布。

以上述幾個案例來看，BBC在戲劇製作及推廣上，無論是與Netflix合資或是授權Netflix播映，基本上仍掌握相當主導權，不只擁有首播權利，並且掌握自己國家的播映權。BBC能夠擁有相對強勢的地位，一方面與它自身尚稱豐沛的製作經費有關，另方面也是期望掌握自己在本國的市場佔有率，包括降低自家OTT平台iPlayer的競爭壓力。不過，相關案例亦可看出，BBC已經不能在製作經費上掌握以往優勢，必須與串流平台保持某種合作關係。

整體而言，BBC與串流平台的合作，彼此各有考量。BBC意在取得製作經費，建立全球品牌，推展英國戲劇。串流平台則是著眼於擴大在地訂戶，連結優秀人才，並取得IP授權。值得留意的是，雙方亦在公共利益方面形成特別合作關係，例如BBC與Netflix於二〇二一年八月宣布一項為期五年的合作計劃，共同委製將身心障礙放在首位的戲劇，希望藉此為身心障礙人才提供機會，以創造公平的競爭環境，並讓身心障礙者的故事可以被更多人看到（註八）。

BBC與串流平台的微妙競合關係亦反映在其他國家的公共媒體，特別是在國內具相當市佔率或影響力的公共媒體。以加拿大公視CBC於二〇一五年一月十三日上映的電視情景喜劇《富家窮路》（*Schitt's Creek*）為例，此一與Not a Real Company Productions合製的戲劇，至第三季方於Netflix、Prime Video平台播出。特別的是，《富家窮路》於二〇一七年一月在

Netflix 上架之後，反而打開知名度，吸引更多觀眾收視，被視為「Netflix 隆起」（The Netflix Bump）現象的範例。此種於原本播出時並未受到高度關注，反而在 Netflix 播出後形成高收視的現象，不僅證明 Netflix 日益增加的普及度與影響力，亦使公共媒體陷入競爭或合作的兩難情境（註九）。

即使如此，面對串流平台的挑戰，各國公共媒體仍然是「戒慎恐懼」，一方面視串流平台為可合作的對象，另方面則持續發展自己的 OTT 平台，或採取必要措施來節制國際串流平台的不斷擴張。例如 BBC 持續評估 BBC iPlayer 與英國其他公共服務廣電機構 OTT 服務結合的可能性，亦曾就節目銷售給 Netflix 等串流平台的窗口期予以調整（註十）。加拿大公視 CBC 亦於二〇二三年二月底將包括《富家窮路》在內的六部熱門電視劇停止提供加拿大 Netflix，藉以強化自家串流媒體 CBC Gem 的競爭優勢。不過，CBC 當時也表示，他們將繼續與 Netflix 合作開發「有意義的第二窗口串流媒體選項」，以及合製若干節目（註十一）。

台灣公視與串流平台

相對而言，台灣公視規模遠不如歐美公共媒體，在經費限制下，每年製作的戲劇數量有限，但也因為並無商業利潤的壓力，加上創新的題材與格式，成為串流平台優先或重點合作對象。由公共電視與 HBO Asia、新加坡稜聚傳播跨國合製的《通靈少女》（*The Teenage Psychic*）是台灣近十年來首部登上國際頻道的戲劇。臺灣公視於二〇一七年四月二日起每週日晚間九點播出該劇，HBO Asia 則於晚間十點於亞洲二十三個國家及地區播映。《通靈少女》每集製作費約台幣三百五十萬元，以當時的製作環境來說，已經是突破以往的高製作費用。

公視與 Netflix 的合作關係以《你的孩子不是你的孩子》（*On Children*）作為起點，該劇也是首部掛上 Netflix 原創劇（Netflix Originals）的台劇，曾登上日本 Neflix 人氣影集排行榜冠軍。有關播出時間的安排，係公視主頻於二〇一八年七月七日晚上九點首播，並於公視+、Netflix 和 LINE TV 當日更新最新一集。接下來合作的《返校》（*Detention*）創下公視版權銷售回收的新紀錄，該劇於二〇二〇年十二月五日在公視主頻每週六晚間首播，Netflix 全球同步上線，公視的 OTT 平台《公視+》則於每週日上線。

公視不僅與 Netflix 合作，也與其他平台開展多元合作關係。例如二〇二一年推出的《茶金》是由公視+、MOD、Hami Video、myVideo、LineTV、Netflix、CATCHPLAY+等多平台共播。二〇二二年的《村裡來了個暴走女外科》，是由公視+、MOD、Hami Video、 myVideo、LineTV、Netflix 等多平台共播。至於二〇二二至二〇二三年的《你的婚姻不是你的婚姻》則是由 Friday、myVideo、MOD、Netflix、Line TV、公視+等多平台共播。從這些戲劇的合作關係來看，台灣公視是 Netflix 在地合作的重要對象，但在播放權力的談判上，公視並無本國獨播的經濟力，僅能盡量守住同步或優先首播的權利。

二〇二三年四月推出的《人選之人——造浪者》，是公視與 Netflix 合作關係上的新案例，卻也是公視改弦易轍，放棄同步播出以換取其他利益的代表性案例。此劇由 Netflix 取得全球獨家播映權，公視則於 Netflix 首播之後的六個月才於頻道播出，換言之，《人選之人——造浪者》形同 Netflix 原創，公視與合作的大慕影藝類似 Netflix 的委製單位，兩方都能獲取經濟利益，但保留的底線是必須能在公共電視播出。

串流平台與文化帝國主義

串流平台的全球崛起可以從多個角度來評估，以文化傳播的角度來探究，顯然與全球化、國際化或產業經濟、企業管理等視角有別，可以呈現串流平台的文化意涵與文化影響。公共媒體被賦予傳承本國文化、促進國家認同的任務，從文化傳播角度省思串流平台現象當更具啓示性。國際傳播特別是跨文化傳播的諸多理論中，文化帝國主義（Cultural Imperialism）的視角已被若干學者用來檢視串流平台對於平台落地國家所帶來的影響。

知名學者赫伯特．席勒（Herbert Schiller）對文化帝國主義如此定義：「一個社會被帶入現代世界體系過程的總和，以及它的統治階層如何被吸引、施壓、強迫，有時甚至被賄賂，以塑造社會制度來符合甚至促進居於系統主導核心的價值觀與結構。」（註十二）此一理論視角提醒，跨國文化傳播不是一個自然、平等的交流，而是強勢文化操控弱勢文化的過程。許多文化輸入國不僅未能洞悉此種權力不平衡的現實，甚至還熱烈歡迎，視之為社會進步及文化升級的表徵。

文化帝國主義雖然存在諸多洞見，能讓我們看到跨國文化傳播背後所存在的不平等、不正義的價值流動，不過，此一理論視角亦可能讓我們忽略或看不到文化傳播的複雜性、多面性。學者大衛．莫利（David Morley）即指出，文化流動並非單向傳播，例如印度電影與日本漫畫即是反向傳播的例證，此外，現代閱聽人亦非純粹被動接收，有其主動詮釋的能力。因此，文化帝國主義無法完全捕捉主動閱聽人的影響、複雜的國際傳播流動、全球本土化策略以及各國採取的文化保護主義效應等（註十三）。

儘管如此，不少學者仍在文化帝國主義的基礎上，發展出平台帝國主義（Platform Imperialism）的觀點。在加拿大任教的韓國學者 Dal Yong Jin 是此一理論的重要闡述者，他認為，二十一世紀的數位平台扮演主要的數位中介角色，對資本累積及數位文化都產生重大影響。非西方國家雖然形成自己的獨特平台，但仍無法與美國主導的平台相互抗衡，導致資本集中在少數大型平台所有者手中。對於數位平台中的串流平台，Dal Yong Jin 指出，乃是控制文化領域邪惡產業鏈的中介，從發行領域起步，現已擴及製作與展覽層面（註十四）。

韓國學者 Ji Hoon Park 等人亦認為，Netflix 之類的影音串流平台雖與 YouTube 之類的影音分享平台不同，亦即並非奠基於使用者互動或使用者生成內容，但仍然是 AI 支持的 OTT 平台（AI-Supported OTT Service Platform），依賴巨量資料、演算法與 AI 來創造商業利潤（註十五）。學者史都華．戴維斯（Stuart Davis）更直指，IP 的掌控、垂直整合的產業結構及拉抬製作經費所形成的規模經濟，讓 Netflix 成為世界最大的電視網絡，擁有跨國的壟斷地位，形成 Netflix 帝國主義（註十六）。

從批判理論出發，學者克里斯多夫．德蒙特—海因里希（Christof Demont-Heinrich）則提出美國文化隔絕論（American Cultural Insularity），強調大量美國人傾向於消費更多自己的文化媒體產品，鮮少消費其他國家產製的文化媒體產品。他針對二〇一七年一月至二〇一八年七月（十八個月）Spotify 排行榜進行分析，發現英語流行歌曲在瑞典、波蘭、德國、日本等不同國家的 Spotify 排行榜上佔有重要地位，而美國和英國 Spotify 排行榜上幾乎完全沒有非英語歌曲，顯示文化及語言帝國主義並未過時，亦非無效。另外，他也針對二〇二〇年二月至二〇二一年九月間十個主要串流平台（包含 Netflix）的美國熱門影片排行榜進行分析，發現幾無證據表明美國消費者有更多消費外國非英語長片的趨勢（註十七）。

從平台帝國主義檢視韓國經驗

以文化或平台帝國主義來檢視跨國串流平台究竟能讓我們看到什麼現象或問題？韓國經驗應是具高度意義的分析個案，因為韓國戲劇擁有強勢的文化輸出力，也是 Netflix 的亞洲重點合作對象。韓國影視產業在與 Netflix 的合作過程中，究竟得到什麼利？又出現什麼弊？對於其他國家來說具相當啟示性。

依據韓國學者 Ji Hoon Park 等人的分析，傳統韓國戲劇製作的典型資金結構是電視台提供約三分之一製作預算給製作公司，另有三分之一製作預算來自企業贊助，例如置入式行銷。此外，海外預售播放權為韓劇提供了三分之一或更多的製作預算。韓流的形成過程中，日本、中國曾相繼成為韓劇主要資金來源國，後來分別因獨島主權爭議及薩德反飛彈系統部署而受到衝擊。二〇一五年，韓劇產業缺乏資金及電視頻道劇集減少之際，Netflix 於韓國推出服務，資助了韓劇製作並提供了韓劇發行平台，立即成為韓劇「救世主」。

問題是，Netflix 不僅成為韓劇救世主，亦成為韓國戲劇產製的遊戲規則改變者（Game Changer）。據韓國學者調查，韓國個別的影視製作業者基本上歡迎 Netflix 來韓國落地發展，視與 Netflix 合作為榮譽，因為這不僅代表個人的能力受到肯定，也意味著將擁有大筆預算來製作高品質戲劇，實現原本難有機會完成的創意構想。在 Netflix 的支援下，韓劇預算快速追高，二〇一九年的《屍戰朝鮮》（*Kingdom*）每集製作經費約一百七十萬美元，二〇二〇年底的《甜蜜家園》（*Sweet Home*）已達二百四〇萬美元。但是，製作公司向 Netflix 靠攏亦改變了韓國電視台與製作公司原本的關係結構。

由於國內投資不足，韓國電視台與製作公司開始轉讓諸多戲劇版權給 Netflix，藉以取得戲劇產製所需的經費，獲取短期的商業利益，此舉使 IP 流失的問題益趨嚴重。電視公司之外，TVING、WAVVE 等韓國串流媒體平台雖然開始投資製作原創劇集，但因市場規模小、風險大，無法投入與 Netflix 相匹配的大量製作預算。至於製作公司則陷入酬勞的困境，它們抬高頂級編劇與表演人才的酬勞，以盡可能取得 Netflix 更多的投資，而為了支付頂級編劇、導演與明星的高片酬，製作公司亦只好依賴 Netflix 的投資，其結果 Netflix 壟斷了韓國電視行業頂尖人才的獲取管道。

IP 流失之外，投資依賴是串流平台進入韓國之後所造成的另一生態變化。表面上看起來，Netflix 的投資讓韓劇的製作經費得到更為開闊的來源，但 Netflix 加速投入韓劇製作，亦進一步增加韓國對 Netflix 投資的依賴。更引發憂慮的是，在 Netflix 擁有戲劇全部或高比例所有權的情形下，韓國製作公司或電視台已無法獲得與韓劇全球知名度相稱的利潤。《魷魚遊戲》全球瀏覽量超過 1.11 億次，價值近九億美元，讓 Netflix 股票市值增加一百九十億美元，但韓國戲劇產業淪為承包商的角色。Netflix 對韓國電視製作的積極投資可能導致韓國國內電視台和平台的弱化，電視台（尤其是無線電視台）很難為觀眾提供優質電視劇，因為 Netflix 已成為頂級創作者的首選平台。

韓流崛起曾被認為是挑戰文化帝國主義論點的逆流，有機會突破西方居主導地位的文化傳播體系。但檢視韓國經驗下的串流平台及其所形塑的戲劇產製生態可以發現，儘管方式有所不同，一九七〇年代至九〇年代的文化帝國主義和今天的平台帝國主義都讓美國媒體公司受益。學者認為，文化帝國主義的作用是促進美國媒體內容，同時摧毀當地媒體內容，而平台帝國主義則是在獲取全球獨家串流媒體版權的同時，也促進了本地內容生產。雖然韓劇的流行可能會挑戰美國在文化領域的霸權，但 Netflix 收購韓劇的 IP 權利可以進一步強化美國平台在經濟領域的霸權。

從文化與平台帝國主義來檢視跨國串流平台雖然不能涵蓋所有面向，但其所彰顯的霸權意涵及經濟依附關係確實值得所有平台落地國家的留意，特別是影視產業力量並不強盛的台灣。就此而言，台灣公視如何在台灣影視產業與串流平台的關係上，扮演某種衡平乃至引導的角色，委實值得認真思考。

公共媒體自建平台的目的與意義

已有愈來愈多的公共媒體建立自己的 OTT 平台，提供具公共價值的串流服務。其原因一方面在於數位轉型的必要性，藉以提供任何時間（Anytime）、任何地方（Anywhere）的公共服務。另一方面，則是作為本國文化與產業的基地，藉以抗衡國際串流平台強大的文化滲透力及產業牽引力。英國BBC的OTT平台iPlayer於二〇〇七年底上線，而Netflix也是在同一年才導入串流服務，為了抗衡國際串流平台日趨強大的文化及產業主導性，BBC不斷增加iPlayer的投資。

BBC於二〇二二年五月宣布，再投資三億英鎊來推動數位優先策略，其中包括將大量資金轉移到iPlayer的新節目中，並以此吸引額外的第三方投資（註十八）。BBC的目標是每週經由iPlayer覆蓋75%的BBC觀眾，並透過與英國ITV合作推出的BritBox向全球推展。多項調查顯示，BBC的投入雖然在串流平台的戰爭中取得若干成果，但守成不易，開疆闢土尤為艱辛。

根據英國傳播監理機構Ofcom的調查，串流革命（Streaming Revolution）正在擴大電視代溝。二〇二四年第一季，英國有略多於三分之二的家庭（68%）使用串流視訊隨選服務（SVOD），而且約有五分之一的家庭訂閱Netflix、Prime Video與Disney+三個串流平台，每年花費約三百英鎊。訂閱Netflix的家庭數達一千六百七十萬戶（58%），居所有平台之首，而且是觀看人數最多的平台。二〇二三年，Netflix訂戶每人每天平均觀看時間為二十一分鐘，佔所有串流服務總觀看時間的一半以上（註十九）。至於BBC iPlayer的使用狀況，根據Piano Analytics的調查，二〇二三／二四會計年度，平均每週使用的活躍帳號數為一千四百一十萬

（三十五歲以下帳號數為四百一十萬），每週每人平均觀看時長為六十六分鐘（註二十）。此一數字雖不如 Netflix，但仍具競爭力。

相對於英國，韓國串流戰爭的激烈程度似乎有過之而無不及。有韓國國家隊之稱的 Wavve 平台於二〇一九年九月十八日推出，係由 SK 電信公司與韓國三大無線電視台 KBS、MBC、SBS 所合資設立，其中 KBS 與 MBC 乃韓國的公共媒體。Wavve 的營運策略著重委製熱門原創內容、提供多元內容（包括熱門韓國網劇和喜劇、無腳本節目、線性頻道），以及具吸引力的折扣訂閱價。二〇二一年三月宣布於二〇二五年前投入九億美元製作原創內容，包括建立自己的內容工作室。

不過，根據韓國數據服務公司 IGAWorks 的資料，截至二〇二四年十一月，Netflix 的每月活躍用戶數為一千一百六十萬，其次為韓國本土平台 Tving 的七百三十萬及 Coupang Play 的六百三十萬，Wavve 的四百二十五萬訂戶數僅排名第四，接著是 Disney+ 的兩百六十萬（註二一）。另外，若僅以不含廣告的串流服務來計算，根據 Media Partner Asia 的數據顯示，Netflix 同樣保持領先地位，其二〇二四年的訂戶數為七百八十萬，高於 TVing 的五百二十萬及 Coupang Play 的三百二十萬。而在收視時間上，Netflix 占 35%，緊追其後的 TVing 則占 34%（註二二）。

即使 Wavve 等本土平台在韓國境內尚擁有一席之地，但根據韓國媒體報導，Netflix 是二〇二三年唯一獲利的串流服務公司，年度營業利潤為 120.5 億韓元（八百七十萬美元），而韓國公平貿易委員會的資料則顯示，TVing 與 Wavve 的年度虧損分別為一千四百二十億韓元及七百九十一億韓元。由韓國娛樂商務綜合公司 CJ ENM 所主導成立的 TVing 平台，之所以能夠快速增加訂戶數，主要是透過更便宜的含廣告訂閱套餐及韓國職棒聯盟 KBO 的賽事轉播，但入不敷出，仍然虧損嚴重（註二三）。

由三大傳統電視台支持成立的 Wavve，原本被韓國賦予高度期待，畢竟包含二大公共媒體在內的 Wavve，擁有最豐富的韓國經典娛樂內容。何況，平台成立之際，三家無線電視台尚與 Wavve 簽訂五年的獨家合作契約，但二〇二四年九月合約到期之後，公媒 MBC 與商營的 SBS 已開始與 Netflix 合作，顯示 Wavve 的經營模式已難以持續。實則，二〇二三年，Wavve 已經與 TVing 洽談合併事宜，希望整合成韓國本土第一大平台以聯手抗衡 Netflix。

由英國與韓國的案例分析可以發現，兩個國家的公共媒體都希望藉由建立自己的串流平台來鞏固市場地位，並保障文化傳播及影視產業的主體性。但國際串流平台挾全球營運的優勢及在地整合的籌碼，仍然在各國具有強勢的主導力量。值得一提的是，公共媒體設立的串流平台不以獲取利潤為重要目標，除了提供公共服務的內容之外，亦會考慮到平台機制的公共性。例如 BBC iPlayer 在個人資料使用上會特別強化隱私維護，在演算法運用上會思考多元推薦機制，並且開發了使用者可自行控制的個人化資料匯流檔案（註二四）。

台灣公視面對串流時代的策略思考

台灣的串流戰爭其實未戰已敗，在政府市場開放政策及影視產業實力薄弱的影響下，國際串流平台很容易即「登堂入室」，呈現壓倒性的優勢。NCC 調查顯示，二〇二四年，十六歲以上民眾看過 OTT 者的付費訂閱比率已上升到 58.6%，而二〇一七年時的訂閱率尚只有 19.8%。至於訂閱平台，Netflix 居於首位，占 88.8%，其次為 Disney+，比率為 21.2%。調查顯示，境外業者與本土業者的訂閱率存在高度差距。另根據國際市調機構 Media Partner Asia 調查，二〇二三年，台灣 OTT TV 付費訂戶數量持續增加，訂閱制隨選視訊（SVOD）的訂戶數達五百八十萬戶，其中 Netflix 訂戶數約 121.8 萬戶，訂閱率為 21%；Disney+ 約 98.6 萬戶，訂閱率約 17%；MyVideo 及 friDay 影音各約 52.2 萬戶，訂閱率均為 9%；Hami Video 約 40.6 萬戶，訂閱率約 7%；愛奇藝則約有 34.8 萬戶，訂閱率約 6%（註二五）。

台灣的串流戰爭沒有什麼煙硝味，可以從 IPTV 及有線電視系統展開雙手，與國際串流平台策略合作的現象中看出端倪；亦可以從影視產業樂與國際平台合作，爭相洽談作品能於平台露出聞到氣息。從現實的角度來說，此種歡迎姿態是勢在必然，也是不得不然。國際串流平台的確給台灣影視產業提供了難得的製作資金，也給台灣娛樂作品（特別是戲劇）提供了邁向國際的寶貴途徑。各界對於創造「台流」的期待或想像，亦似乎從國際串流平台無遠弗屆的全球網絡找到一線契機。但其他國家的經驗及諸多理論明確顯示，天下沒有白吃的午餐，讓國際串流平台在境內「通行無阻」並非沒有代價。

儘管台灣公共媒體的規模不能與 BBC 或 KBS 等英、韓公媒相提並論，但台灣公視不僅設立了 OTT 平台「公視＋」，而且積極思考如何因應國際串流平台在台灣「攻城掠地」所可能產生的負面影響。毫無疑問，「小蝦米」般的公視面對國際串流平台這隻「大鯨魚」，實在談不上太多的「競」合策略，但作為國際串流平台在地結合的重要對象，公視的作為仍然具有某種引導作用。何況，如何協助影視產業發展？如何維護我國文化主體？仍然是作為公共媒體的公視所必須思考的課題。

基於上述思考，公視近年來仍在有限經費下投入更多資源來協助公視＋的發展。一方面進行改版，讓使用者能夠擁有更為友善操作的介面；另方面增加包括原創作品在內的利基內容，以吸引更多使用者的興趣。此外，有鑒於與國際串流平台合作所可能受到的制約及依賴，公視亦開展多元的國際傳播策略來讓台灣作品可以出海。除了傳統上與其他國家影視產業的國際合製策略，以及單純的國際播映授權之外，尚積極透過「合作平台多元開發」、「國際公媒深度合作」、「製作內容國際導向」及「TaiwanPlus 協力推廣」等策略，推動台灣戲劇的國際輸出。

公視創作的作品希望與國內外串流平台進行多元合作，避免受單一平台的壟斷，除了 Netflix 之外，包括 HBO、CATCHPLAY+、LINE TV、LiTV、Hami Video、MyVideo、friDay 影音、愛奇藝等國內外平台，都是公視合作的對象。在國際公媒的深度結合方面，如日本 NHK 已經成為公視長期合作的夥伴，近年來的合製作品包括電視劇《路～台灣 Express》，以及《人類誕生》系列第三集《遠大的擴張旅程》、8K 作品《神木之森：阿里山森林鐵道紀行》等紀錄片。另外，製作中的紀錄片尚有《航向太空．台灣特輯》、《自然之約：台灣新里山》、《騎鐵馬遊台灣》等。

為了將台劇推向國際，公視亦積極在戲劇製作的內容及卡司上納入國際化元素，例如《化外之醫》戲劇結合越南影帝及移工元素，輔以積極的越南參展宣傳，希望藉此開發越南等東南亞國家的市場。目前已成功拓展新的越南播出平台，並尋求將劇本授權給越南影視業者再製，達成公視及台灣影視業少見的格式（Format）輸出成果。另如《聽海湧》戲劇的內容及演員涵蓋日本、澳洲等國家，並強勢進軍國際各大影展。至於 TaiwanPlus 每年選擇若干台劇進行網路平台及電視頻道的國際播映，則是 TaiwanPlus 成為公廣集團成員之後，在台劇國際化方向上可以做到的貢獻。

串流平台對台灣內容的國際推廣確實是可予運用的支點，以台灣當前的現實處境來看，迴避串流平台自屬不智之舉，但串流平台對台灣影視產業的發展與台灣文化的國際交流，真的是只有利而沒有弊嗎？誠如加拿大公視 CBC 總裁凱瑟琳・泰特（Catherine Tait）所言，Netflix 的崛起可能是播映娛樂節目最興奮的時刻，但 Netflix 節目在全球日益增長的影響力和普及度，與英法帝國的殖民主義之間存在相似之處（註二六）。對於這樣一個泰特口中「新帝國的開始」，我們又怎能不做出必要的因應或防範呢？

附註

註一　二〇二四年底，Prime Video 全球訂戶數為兩億，Disney+ 為 1.54 億，Max 約為 1.1 億，Paramount+ 為 0.72 億。Netflix 財報可見 https://ir.netflix.net/ir-overview/profile/default.aspx

註二　MPA 的調查可見 https://media-partners-asia.com/AMPD/Q3_2023/Taiwan/AMPD_1H_2023_SEA_MEDIA_RELEASE.pdf

註三　學者路易斯・布倫南對 Netflix 全球擴張做法的分析，可參考他在哈佛商業評論（Harvard Business Review）所撰寫的分析，見於 https://hbr.org/2018/10/how-netflix-expanded-to-190-countries-in-7-years

註四　拉蒙・洛巴托的觀點可見其著作：*Netflix Nations: The Geography of Digital Distribution*。Jean Chalaby 的看法可見其所撰文章，https://theconversation.com/netflix-is-snapping-at-the-heels-of-the-bbc-but-theres-more-to-the-battle-than-just-viewing-figures-247950#:~:text=During%20the%20last%20quarter%20of,for%20a%20US%2Dbased%20streamer.。Netflix 的全球擴張策略亦可參考學者 Michael L. Wayne 等人的分析，可見於 https://journals.sagepub.com/doi/10.1177/1527476420926496

註五　Ampere Analysis 的報告內容可見 https://variety.com/2024/biz/news/content-spending-2024-forecast-entertainment-companies-1236194037/

註六　Netflix 已在台灣舉辦實務、編劇、視覺特效等若干工作坊，其與文策院的合作模式可參考 Netflix 新聞稿：https://about.netflix.com/zh_tw/news/netflix-joins-hands-with-taiwan-creative-content-agency-to-host-content

註七　Netflix 與 BBC 的初期合作可參考 BBC 的新聞稿：https://www.bbc.com/mediacentre/worldwide/201211netflix

註八　Netflix 與 BBC 在身心障礙創意人才參與上的合作可參考 BBC 的計劃說明：https://www.bbc.co.uk/writers/resources/bbc-netflix-partnership

註九　「Netflix 隆起」現象及其案例可參考 Bustle 的文章：https://www.bustle.com/entertainment/shows-more-popular-from-netflix-streaming

註十　BBC iPlayer 擬與其他公共廣電機構 OTT 平台結合以對抗 Netflix 的思考可參見英國媒體的報導：https://www.telegraph.co.uk/business/2024/10/11/inside-bbc-secret-plans-become-streaming-superpower-iplayer/

註十一　CBC 決定停止授權 Netflix 播出其製作的戲劇，可參考加拿大媒體的報導：https://www.thestar.com/entertainment/television/several-cbc-shows-including-schitt-s-creek-and-heartland-departing-netflix-canada/article_360d6055-dbf8-5961-b9b3-819eac208299.html

註十二　赫伯特・席勒是文化帝國主義理論的重要論述者，他在一九七六年出版的著作《傳播與文化宰制》（*Communication and Cultural Domination*）一書中，對此概念做了深入討論。

註十三　大衛・莫利的觀點可參考他在二〇〇五年所發表的論文：《重新檢視全球化與文化帝國主義：新面貌的舊問題》（*Globalisation and Cultural Imperialism Reconsidered: Old Questions in New Guises*）。

註十四　Dal Yong Jin 對平台帝國主義的論述可參考他的著作，如二〇一五年出版的《數位平台、帝國主義與政治文化》（*Digital Platforms, Imperialism and Political Culture*）。

註十五　Ji Hoon Park 等學者的觀點可參考他們於二〇二三年所發表的論文：《Netflix 與平台帝國主義：Netflix 如何改變韓國電視劇產業生態》（*Netflix and Platform Imperialism: How Netflix Alters the Ecology of the Korean TV Drama Industry*）。

註十六　史都華・戴維斯的觀點可參考他在二〇二一年所發表的論文：《何為 Netflix 帝國主義？質疑『全球最大電視網絡』的壟斷野心》（*What is Netflix Imperialism? Interrogating the Monopoly Aspirations of the 'World's Largest Television Network'*）。

註十七　克里斯多夫・德蒙特—海因里希的研究可參考他在二〇二二年所發表的論文：《美國文化隔絕與全球線上影片：Netflix、Amazon Prime 與其他數位串流平台是否拓寬了美國人的外國電影消費視野？》（*American Cultural Insularity and Global Online Video: Are Netflix, Amazon Prime and Other Digital Streaming Platforms Broadening Americans' Foreign Film Consumption Horizons?*）。

註十八　BBC 最新的數位優先計劃可見於總裁 Tim Davie 在二〇二二年所做的政策宣布，https://www.bbc.co.uk/mediacentre/2022/plan-to-deliver-a-digital-first-bbc/

註十九　英國 Ofcorm 每年皆進行國人媒體使用行為的調查，二〇二四年調查報告可見於 https://www.ofcom.org.uk/siteassets/resources/documents/research-and-data/multi-sector/media-nations/2024/media-nations-2024-uk.pdf?v=371192

註二十　BBC iPlayer 的資料來自 BBC 的二〇二三／二四年報，可見於 https://www.bbc.co.uk/aboutthebbc/documents/ara-2023-24.pdf

註二一　IGAWorks 的數據及對韓國串流平台市場的競爭態勢簡要分析，可見韓國《朝鮮日報》（*The CHOSUN Daily*）的報導，https://www.chosun.com/english/industry-en/2024/12/30/YDQKCCRRPBADRIQWIUHQFN4ACY/

註二二　MPA 對韓國市場的調查報告可參 Variety 的簡要報導，https://variety.com/2025/tv/news/squid-game-netflix-tving-korea-streaming-wars-1236310890/

註二三　韓國《中央日報》（*Korea JoongAng Daily*）有關韓國串流市場的報導可見 https://koreajoongangdaily.joins.com/news/2024-04-15/business/industry/Netflix-profit-soars-as-Tving-and-Wavve-struggle/2025801

註二四　對 BBC 的資料管理有興趣者可以參考其合作科技公司 Inrupt 所做的介紹，https://www.inrupt.com/case-study/bbc-embraces-future-of-personal-data-access-and-consent

註二五　NCC 所發布的二〇二四年通訊傳播市場報告，可見於 https://commsurvey.ncc.gov.tw/files/file_pool/1/0o365399711107774930/113%e9%80%9a%e8%a8%8a%e5%82%b3%e6%92%ad%e5%b8%82%e5%a0%b4%e5%a0%b1%e5%91%8a-%e4%b8%ad%e6%96%87%e7%89%88.pdf

註二六　CBC 總裁泰特於二〇一九年嚴詞批評 Netflix，強調外國公司在一個國家的文化產業中扮演愈來愈重要的角色是有代價的，其發言內容可見於 CBC 自身的報導：https://www.cbc.ca/news/entertainment/tait-netflix-colonialism-analogy-1.5000657

（本文為二〇二三年六月十七日應邀於台灣傳播學會年會發表專題演講的內容，若干時效性內容已予更新）

2.2

立足當代、重塑歷史

從《聽海湧》思索時代劇的製播與意義

歷史與戲劇之間的距離是多少？公共媒體應該如何製作以歷史為背景的戲劇？公視近期推出的《聽海湧》時代劇在備受肯定之餘，亦引發若干爭議。這些爭議聲中所出現的激越言論，除了反映台灣社會多元與極化的意識型態之外，亦具體印證此類戲劇對觀眾所可能產生的差異化衝擊，如何調適或消解值得進一步思索。

《聽海湧》是台灣首部以二次世界大戰台籍戰俘監視員為故事核心所編寫的戲劇，多數觀眾對台籍日本兵的史實恐已缺乏瞭解，何況是屬於軍屬性質的台籍戰俘監視員（註一）。《聽海湧》戲劇張力足、製作品質高，許多人看過之後開始關注這段歷史，甚至引起討論，可謂典型的戲劇效應，也是此類戲劇製作宗旨所在。

《聽海湧》戲劇所設定的時代背景並不久遠，不過，二次大戰結束迄今已近八十年，經歷其中且有記憶者泰半凋零，加上台灣特殊的政治發展脈絡，這段歷史中的台籍參戰者身分長期受到忽略，對年輕世代而言自然益顯陌生。本人於媒體服務期間，雖已接觸台籍日本兵相關報導及史料，但亦不特別瞭解台籍戰俘監視員之相關歷史，以及當時在北婆羅洲設有中華民國領事。透過此劇與後續的資料搜尋，方有進一步認識。

《聽海湧》贏得讚許，也引發爭議

《聽海湧》播出之後，贏得諸多讚許，除精緻的製作品質受到肯定，更多的是劇情設計上的喝采，包括對戰爭中人性的深沈刻劃，多元的觀點呈現等等。評論者多同意，此劇不教條、不刻板，足以啓人深思。即使如此，若就製作的技術面而言，觀眾確實可以提出更高的期待，例如動畫效果、美術設計、或是攝影剪輯等，其中也可能有些許的考證疏漏。

這方面的問題雖應盡力避免，但並不容易。以英國高成本製作、備受肯定的古裝電視劇《唐頓莊園》（*Downton Abbey*）為例，根據該國公視 BBC 報導，這部時間設定為一九一〇年代一個虛構貴族莊園的劇集，冒出二十一世紀才有的東西，包括馬路上的雙黃線，單行線標誌，屋頂的戶外電視天線等。此外，一九一二年的英格蘭鄉村小路出現一九二一年的福特 T 型車，希臘加入第一次世界大戰的時間被提前一年。甚至，劇中警察所使用的手銬是在一九五〇年代後才有，劇中人物所唱的歌曲也是在該劇背景年代之後方創作完成（註二）。不過，《聽海湧》在讚許之外所出現的批評聲音並未聚焦於此，而是對戲劇「悖離」真實歷史的質疑，例如當時在婆羅洲的中華民國領事是在戰爭結束前遇害身亡，但劇中的領事卻出現在戰後澳洲主持的軍事法庭，並以偽證來指控台籍戰俘監視員；至於真實歷史中的領事妻子是戰爭生還者，並未如戲中的領事妻子般遭到日本兵不當對待。此外，批評者還對戲劇製作的價值觀予以譴責，認為該劇有美化日本，醜化中華民國之嫌等。

毫無疑問，這類爭議所持理由雖與劇情內容諸多不符，亦未必是觀眾的普遍感受，但仍然是值得思考並辯證的課題。對於有意製作此類戲劇的影視業者來說，也是必須思量及面對的事項。畢竟，戲劇創作者如果身處於與觀眾缺乏良善互動的視聽環境，終究會對戲劇的發展與傳播形成障礙。身為公視的董事長，此次爭議除促使自己進一步思考此類戲劇製作的相關問題，也建議同仁對於外界的不同聲音應平心傾聽、審慎處理。

歷史劇不是紀錄片　時代劇終究是戲劇

戲劇與歷史之間究竟具有何種關係？有許多名詞被用來描述以特定歷史年代為背景的

戲劇，例如時代劇（Period Drama / Epic Drama）、歷史劇（Historical Drama）或古裝劇（Costume Drama）等等。儘管學術研究對這些名詞各有其定義，譬如有人主張「歷史劇」與「時代劇」所設定的年代比「古裝劇」要早，也有人認為歷史劇比時代劇更需要符合史實，但不僅學界缺乏統一界定，業界與媒體更常常混用，不加區別。

必須先釐清的是，儘管任何類型化的作為都免不了界線模糊的爭議，事實或史實也不是那麼容易掌握，甚至未必有辦法被「如實」呈現，但戲劇（Drama）與紀錄片（Documentary）、類戲劇（Docu-Drama）基本上是不同概念或方向下的影片類型。紀錄片或類戲劇都以呈現事實為其目標，也都被歸類為非虛構（Non-Fiction）性質的創作，因而賦予比較嚴格的符實要求。相對的，戲劇基本上被視為「虛構」（Fiction），即使是所謂的歷史劇或時代劇，被期待要有一定程度的歷史正確性，亦不會承擔完全反映「真實歷史」的責任。

歷史劇或時代劇需要進行更多的歷史考證，重建不復存在的歷史場景，或是打造當時的服裝道具，一般而言，其製作經費往往較其他類型戲劇來得高，市場回收的挑戰也比較大，所以商業媒體往往審慎為之。反之，許多國家的公共媒體或政府資金在這類戲劇的製作上就扮演了主要角色，因為他們在滿足觀眾的娛樂功能之外，尚承擔了增進國家認同（National

Identity）、培育歷史意識的使命。

公共媒體與時代劇關係緊密

以英國公媒 BBC 為例，自一九五〇年代電視普及開始即推出高品質的古裝劇。一九七〇年代，更被認為是此類內容的「黃金時代」，並且透過美國公視 PBS 等管道輸出到美國。BBC 直到今天仍是英國歷史劇或時代劇的重要出品方，以近十年的知名作品為例，二〇一三年首播的《白皇后》（*The White Queen*），取材自英國宮廷小說作家菲莉帕・葛列格里（Philippa Gregory）的同名作品，歷史背景為十五世紀英國玫瑰戰爭時期。

二〇一五年播出的《最後的王國》（*The Last Kingdom*）第一季，改編自英國作家伯納德・康威爾（Bernard Cornwell）所著的歷史小說《薩克遜傳說》，背景為西元第九世紀維京人與薩克遜人之間的衝突與攻伐。二〇一六年推出的《戰爭與和平》（*War and Peace*）改編自俄國作家托爾斯泰的同名小說，時代背景橫跨一八〇五至一八二〇年。二〇二五年將推出的最新歷史劇《國王與征服者》（*King & Conqueror*），則是描述十一世紀哈羅德（Harold）與威廉（William）兩個相互關聯的家族王朝，在威塞克斯（Wessex）與諾曼第（Normandy）兩個國家爭奪權力，並被迫捲入爭奪英國王位的戰爭。

以大河劇（Taiga Drama）知名全球的日本公視 NHK，同樣是該國歷史劇產製的支柱。大河劇源自法文的 **roman-fleuve**，意指如江河般延展的小說，因此大河劇乃是以歷史中的個人、家族為核心所開展的大格局戲劇故事。NHK 首部大河劇《花之一生》（日文 *Hana no Shougai*）係於一九六三年開播，以一八五〇年代日本的大名（較大地域的領主）井伊直介為故事核心。不過，當時對此種每年一部、每週固定於週日晚上八點播出的戲劇，仍以「大型歷史劇」來稱呼。

儘管 NHK 隔年播出《赤穗浪士》時，日本報紙讀賣新聞即以「大河劇」名之，但一般認為，直到一九七八年播出《黃金的日子》起，NHK 方正式使用「大河劇系列」名稱。總計，NHK 從一九六三年的《花之一生》到二〇二四年的《致光之君》，共製作並播出了六十三部大河劇，其中主要的背景時代集中在日本戰國時代及江戶幕府末期，約佔三分之二，因為前者出現許多魅力十足的人物和重大事件，後者則為探索日本現代化和向世界開放的歷程提供了機會（註三）。

從《汪洋中的一條船》到《茶金》

我國公視自一九九八年開播之後，雖然經費有限，猶致力推動歷史劇或時代劇。台灣電視台早期所拍攝的歷史劇，往往以中國史為背景，公視歷年拍攝的歷史劇或時代劇則著力於台灣本土歷史，其中有相當多的作品並不以特定年代或特殊事件為背景，但深入描繪台灣過往某個時期的社會氛圍或人民情感。例如《汪洋中的一條船》（二〇〇〇）、《輾轉紅蓮》（二〇〇〇）、《後山日先照》（二〇〇二）、《家》（二〇〇三）、《孽子》（二〇〇三）、《再見，忠貞二村》（二〇〇五）、《出外人生》（二〇〇七）、《一把青》（二〇一五）、《苦力》（二〇一九）、《天橋上的魔術師》（二〇二一）、《牛車來去》（二〇二三）等等。

二〇二一年推出的《茶金》，是近年特別受到關注與肯定的一部時代劇，以一九五〇年代為背景，其特色不只在於全劇以海陸腔客語為主，而且故事靈感源自真實人物與歷史，描述新竹北埔客家茶產業的興衰起落。不過，明確以特定時代或事件為背景的戲劇，應以改編自作家李喬所著大河小說的《寒夜》（二〇〇二）及《寒夜續曲》（二〇〇三）為起點。《寒夜》以清代客家先民拓墾為主題，《寒夜續曲》（二〇〇三）則以客家子弟參與文化協會、農民組合、反抗日本殖民，以及二戰時被徵兵至南洋為故事架構，兩劇時間跨越清乾隆年間至台灣終戰初期，長達兩百年。

此外，二〇〇三年推出的《風中緋櫻：霧社事件》，係以一九三〇年發生在台灣的賽德克族原住民武裝反抗日本殖民統治的霧社事件為背景。二〇〇七年的《亂世豪門》將一八九五年台灣民主國的短暫歷史納入故事脈絡，描述中日甲午戰爭前後清朝如何經營台灣，以及割讓日本之後的官民抗日活動。該劇出現劉永福、唐景崧等歷史人物，不過，劇中的豪門人物則是虛構。至於二〇二一年播映的《斯卡羅》，則是以一八六七年發生的羅妹號事件及南岬之盟為歷史背景，不僅締造公視歷史劇的最高收視，其製作成本也創下公視的最高紀錄。

誠然，各國公共媒體重視歷史劇或時代劇的製播，與商業媒體基於利潤回收之不易，相對不積極製作此類型的戲劇有關。但文獻資料及學者研究顯示，公共媒體將國民歷史意識的培養，以及國家認同的促進視為自身使命，殆為其中的關鍵因素。但此類歷史劇或時代劇的製作，除了容易引發相關法律問題或遭致歷史人物後代的質疑外，歷史詮釋的視角是否能被接受，仍然是關鍵爭議之所在。

《斯卡羅》的熱潮與爭議

以公視製播的《斯卡羅》歷史劇來說，當時引發的討論確有部分係屬於歷史事實方面的爭議，例如原住民族實際的統治結構是否與戲劇內容相符？劇中的大股頭「卓杞篤」是否確實統領過恆春半島諸社？發生衝突的原住民族部落到底是哪個？美國駐清國廈門的領事李仙得（Charles W. Le Gendre）是否真的扮演調人角色？為避免造成誤解，有人因此主張不要強調此劇係根據歷史所改編，公視應針對史實做出澄清。

不過，在這些探討之外，許多爭點仍然涉及如何看待這段歷史的史觀，例如使用原為卑南族人所稱呼的「斯卡羅」，是否貶抑了當地的多數族群南排灣族？整部劇的架構是否存在殖民思維？甚至，有論者質疑此劇是否有意宣揚台獨史觀等等。

台灣自一八六〇年開港通商之後，更加面對西方強權在東亞地區的地緣政治角力，原住民族在當時的台灣也扮演了與世界互動的特殊角色。許多人肯定《斯卡羅》讓觀眾更為瞭解十九世紀中期的台灣，也讓原本對這段歷史不熟悉的觀眾激發進一步探索台灣歷史，甚至是當時世界情勢的興趣。不過，戲劇畢竟是戲劇，它能夠讓更多的觀眾開拓視野、追尋歷史，但它並非歷史，需要透過想像乃至虛構，來填補歷史的未知，增加觀賞的興趣。

從某個角度來說，《斯卡羅》與《聽海湧》所遭遇到的爭議，有其相似之處，也是歷史劇或時代劇共通的挑戰。但我們是不是就不應該再製作歷史劇、時代劇？答案顯非如此。史料的研究、整理與書寫，有其無可取代的價值，但戲劇作為相對大眾化的媒介，甚至是促發許多人關注歷史的重要管道，同樣有其重要性。何況，影像所能提供給閱聽眾的理解與感受往往不是文字所能比擬。就此而言，關鍵問題應該在於如何製作一部優質的歷史劇或時代劇，以及如何讓觀眾在觀賞時擁有成熟的戲劇素養。

任何歷史劇或時代劇都不可能完全符合史實，任何歷史描述也都面臨橫看成嶺側成峰的挑戰，甚至是瞎子摸象的質疑。歷史研究一再提醒，現在認定的史實，未必就是歷史的真實，從認識論的角度來說，人類亦未必能對歷史有「如實」的瞭解，歷史論述如此，以歷史為背景的戲劇亦然。原本有些停滯與低沉的英國歷史劇，近年來因為跨國串流平台興起等因素出現新的變化，這些變化及其所引發的討論，可以說是戲劇與史實距離問題的最新註腳（註四）。

英語時代劇出現復興與變革

近十餘年來，跨國串流平台 Netflix 等快速崛起，並以龐大資金投入內容製作，包括從歷史中尋求題材的戲劇。值得關注的是，跨國串流平台不只以巨額資金投入歷史劇或時代劇的製作，對傳統製作業者造成壓力，更以創新的敘事手法製作，大大衝擊了這類戲劇的呈現樣態。例如，許多新製作的時代劇改變以往在性別、種族或階級上的刻板形象，讓觀眾耳目一新。

以二〇二〇年底推出並廣受喜愛的《柏捷頓家族：名門韻事》（*Bridgerton*）為例，這部以十九世紀倫敦攝政時代上流社會婚姻角力為主題的戲劇，改編自美國作家茱莉亞・昆恩（Julia Quinn）的言情小說，播出首月的收看數即達八千兩百萬，打破 Netflix 當時的歷史記錄。但這部劇不只男主角哈斯丁公爵賽門・貝瑟（Simon Basset）為黑人，而且由深膚色演員飾演英王喬治三世的妻子索菲亞・夏洛特（Sophie Charlotte）。真實歷史上的「夏洛特王后」確實具有非洲人的五官特徵，但多數史學家並不同意她具有非裔血統。本劇除了相當多的黑人出現在劇中，也出現不少華人、印度人等少數族裔角色。

種族之外，《柏捷頓家族：名門韻事》在敘事方式、愛情關係、性事呈現等諸多方面，皆與以往英國歷史劇風格迥異。雖然製作團隊強調該劇並非歷史，而是以真實事件為靈感的虛構故事，但該劇仍在不太青睞時代劇的年輕世代獲得頗多迴響，網路上、輿論上也出現許多有關該劇打破製作陳規的討論（註五）。除了 Netflix 所製作的《柏捷頓家族：名門韻事》，其他串流平台如 Hulu 同年推出的《凱薩琳大帝》（*The Great*），亦企圖以不同以往歷史劇的方式展現俄國女皇凱薩琳的故事，而且其選角方式也無膚色歧視（Colour-Blind Approach），讓少數族裔演員扮演皇室的主要成員，雖與歷史真實並不相符，但受到不少觀眾的肯定。

其實英國的電視業者也已嗅出時代劇的新趨勢，例如英國商業無線電視 ITV 於二〇一〇年推出的《唐頓莊園》，即將這個虛構莊園的第一男僕托馬斯設計為同性戀角色，而這部戲劇也被許多評論者視為最近這波時代劇熱潮的起點（註六）。獲得許多獎項肯定的 BBC 二〇二〇年作品：《小斧頭》（*Small Axe*），改編自一九六九年到一九八二年間發生在倫敦西印度區黑人的真實事件，劇中相當程度呈現了警政機關的黑暗面，但此種氛圍明顯有別於當時的警察形象。可以說，這些時代劇都試圖以新的方式、新的視角描述歷史，但在重新詮釋歷史的過程中，亦都無可避免必須面對爭議。

NHK 大河劇面臨衰退與轉折

英國如此，日本亦然。日本 NHK 的大河劇雖然在深化日本公眾的歷史瞭解方面發揮重要作用，但這些年來仍面臨觀眾人數逐步下降的壓力。據指出，大河劇在二十世紀八〇年代尚有 30% 以上的收視率，如今已下降到 15% 以下。收視率下降雖涉及多重因素，亦與電視觀眾普遍衰退有關，但無可諱言，大河劇是否獲得年輕觀眾青睞，仍是此類型戲劇能否邁向未來的關鍵。

NHK除了積極透過新技術以提升大河劇的視覺效果之外，並選擇更貼近當代議題的主題，以期強化年輕觀眾的連結。例如女性在早期的大河劇中所佔份量輕微，據分析，二〇〇八年《篤姬》播出之前的四十六部大河劇中，以女性作為主角登場者僅九部，其中還有三部是夫妻雙主角的設定。但二〇〇八至二〇一八年間則有多達五名的女性主角登場，《篤姬》正是重要的轉折標誌，也是向當今社會價值觀傾斜的象徵（註七）。

時代劇以當代觀點重塑歷史

實則，以當代觀點重塑歷史不僅是必然，也是必要。美國影評人卡琳・詹姆斯（Caryn James）在探討時代劇的最新變化趨勢時即指出：「最好的時代劇遠非呈現過往令人舒緩的景象，而是針對當下重塑歷史。……黑人、同性戀和變性人創作者等這些以前沉默的聲音，現正提供新的、更真實的方式來看待他們的歷史。他們的系列作品是針對當下的敏銳洞察的時代作品。」《小斧頭》導演史蒂夫・麥奎因（Steve McQueen）對時代劇的詮釋可謂同聲共氣，他

說：「這就是藝術所能做的：以應有的方式重寫歷史。」（註八）

正因為時代劇出現了新貌，也才拉回一些原本已經疏離的年輕觀眾。研究時代劇的倫敦國王學院教授雪萊・加爾平（Shelley Galpin），以她對英國年輕人的研究發現為基礎，強調擁有多元內容選擇的年輕世代未必對時代劇缺乏興趣，問題在於戲劇所呈現的價值觀能否讓他們產生共鳴？例如英國年輕人雖然呈現多元的價值觀，但對於種族與文化的多樣性多抱持興趣與關注。為了滿足年輕人的需求，加爾平建議公共媒體宜效仿Netflix等串流媒體的做法，積極在時代劇的製作上擁抱多樣性，改變主要由白人演員演出的預設立場，因為那是不必要的，對年輕觀眾的興趣而言，也是不可取的（註九）。

面對戲劇與史實之間的距離，台灣時代劇《斯卡羅》導演曹瑞原及《茶金》導演林君陽也都有「史實須顧、距離必在」的呼應。基於《斯卡羅》「拍的不只是歷史，而是時代顛簸下生命的脆弱與善良」，也基於戲劇必須滿足觀眾收看時所期待的戲劇性，曹瑞原說明自己拍戲的原則是：「史實不能丟，但可以抓大放小。羅妹號事件的過程都在戲裡，可是我有加一段延伸跟擴充，歷史上沒有最後一集那場戰爭，雙方談判後就結束了，但這樣戲劇的期待會沒有滿足和重心。」

林君陽同樣強調時代劇必須以所欲呈現的時代議題為核心來安排劇情，以致無法完全「符合史實」。《茶金》是以傳奇茶商姜阿新的故事為基底所發展出來的戲劇，可是姜阿新的紅茶生意從極盛到破產，一直延續到一九六〇、一九七〇年代，基於「《茶金》想講述一九四九年之後，台灣在政治體制、大國夾殺的大環境下風雨同舟的影射」。又為了保持戲劇的緊湊度，因此製作團隊決定「將故事濃縮在一九四九年開始，最後結束隱約在一九五六年，這就跟史實完全脫鉤」（註十）。

時代劇是探索史實、開展對話的起點

既然歷史劇或時代劇無可避免必須「立足當代」，必然「重塑歷史」，作為公共媒體，遵循法律規範之外，如何面對可能出現的爭議，自然還有高於法律的問題必須思索。何況，尋求史實正確性的「歷史警察」（Historian-Cop）心態並未完全從觀眾退場，此種心態所可能產生的國民情感亦須面對。就此次《聽海湧》時代劇所出現的爭議來說，毫無疑問，公視一方面希望維護創作自由的空間，不希望有心推動歷史劇或時代劇的影視工作者因為擔心爭議而裹足不前，甚至斲傷創意。但公共媒體製播牽涉歷史背景之戲劇，仍有應考量之公共責任。

《聽海湧》這部戲劇將場景設定在婆羅洲，而二次大戰期間的真實歷史中，婆羅洲確有一位中華民國領事及其眷屬，戲劇情節雖非有意展現真實的歷史人物，但不同於真實歷史的劇情安排是否會在無意中對當事人後代造成影響？再者，《聽海湧》希望呈現台灣人在戰後出現的身分認同問題，乃至各國在戰後審判中的角力，但此一從諸多歷史文獻及研究中所展開的劇情設計，有可能讓抱持特定價值觀之部分國民感到難以接受？公共電視既然「屬於國民全體」，從公共責任的角度來說，確有必要降低可能造成的誤解與傷害。

因此，儘管《聽海湧》播出前後，從未宣稱該劇係真實人物的傳記影片，亦不時說明劇情只是從二戰的歷史情境出發所編寫，但公視相關人員經反覆討論，仍決定於節目片尾加註「本故事啟發自歷史事件，劇中人物皆為虛構」字卡，並舉辦了一場座談會，邀請製作單位、歷史學者及法律專家共同交流該劇所涉及的法律及倫理層面問題，希望促成社會多元對話，呈現戲劇製作初心，亦盼有助於營造歷史劇或時代劇的創作空間。

「每部戲劇，無論是發生在過去、現在或奇幻世界，都建構了自己的世界，而其可信度往往取決於維持一致的敘事。此外，所有歷史的戲劇性建構都代表了當代觀眾的關注，並結合過去會是什麼樣子的文化上的可接受形象」。英國學者加爾平的上述看法，道出了戲劇乃至時代劇的製作本質。公共媒體製作時代劇其實不只是讓觀眾進入或理解一個特殊的歷史時空，其實也是重新以當代的視角回顧歷史、詮釋歷史，甚至是改寫一個過去被「誤解」或「誤導」的歷史。

就此而言，歷史劇或時代劇不可能也不需要為歷史蓋棺論定，它不是歷史探索的終點，而是尋找史實、多元對話的起點。

附註

註一　據一九七三年日本厚生省統計，台灣人在二次大戰中共有 207,183 人以軍人、軍屬或軍夫身分參戰，死亡人數約為 30,304 人。軍屬是以非正規軍人身分受雇於軍方，處理軍中大小勤務事宜，而軍夫的任務則是運輸戰場的糧食、彈藥等戰備物資。此段歷史的簡單說明可參 https://storystudio.tw/article/gushi/taiwan-military-workers-in-ww2

註二　時代劇的「穿幫」狀況可參考 BBC 的報導：https://www.bbc.com/ukchina/trad/uk_life/2013/04/130404_ent_tvdrama_history

註三　日本大河劇的簡介可參 https://www.japan-experience.com/preparer-voyage/savoir/films-japonais/taiga-drama

註四　英語時代劇近十餘年的製播熱是許多媒體與戲劇研究者的話題，例如加拿大《多倫多星報》（*Toronto*

Star）的報導就將此趨勢形容為歷史劇的復興，請參 https://www.thestar.com/entertainment/television/from-downton-abbey-to-bridgerton-and-the-gilded-age-historical-drama-is-having-a-renaissance/article_9eb41f27-7839-571e-ad27-b505412b829c.html

註五　有關《柏捷頓家族：名門韻事》（*Bridgerton*）的討論，可參考倫敦國王學院教授雪萊・加爾平（Shelley Galpin）針對時代劇樣態進行比較所做的評論：https://theconversation.com/its-a-mistake-to-dismiss-bridgerton-as-fluffy-period-drama-229855。英國文化與藝術史研究者馬德琳・佩林（Madeleine Pelling）亦從戲劇與史實的距離提出其看法：https://theconversation.com/bridgerton-what-the-show-gets-right-about-sex-gossip-and-race-in-regency-london-153399

註六　有關《唐頓莊園》（*Downton Abbey*）作為時代劇熱潮序曲的分析，可參美國作家阿曼達・普拉爾（Amanda Prahl）的文章：https://www.popsugar.com/entertainment/how-downton-abbey-paved-way-for-period-dramas-48830289

註七　NHK 所製作的大河劇被不少論者認為其選材與劇情安排具鮮明的價值觀導向，例如日本近畿大學教授 Todd Squires 指出，NHK 於二次大戰結束之後所製作的大河劇有意塑造新的傳統男性氣概，以期符應國家發展所須的當代民族主義，其研究可見以下連結的 124-130 頁：http://arjes.ro/wp-content/uploads/2017/08/%C3%BCm%C3%A8%C2%AB%C3%89%C2%BC%C3%B6%C3%BCn2018-om-univ.pdf#page=124

註八　卡琳・詹姆斯（Caryn James）的觀點可參考所撰文章：https://www.bbc.com/culture/article/20211022-

historical-drama-and-tvs-reckoning-with-the-past 史蒂夫・麥奎因（Steve McQueen）的看法可參考 British Film Institute 的訪談：https://www.bfi.org.uk/sight-and-sound/interviews/steve-mcqueen-small-axe-black-britain-david-olusoga 另有研究者認為一般大眾雖可以在藝術創作的概念下，接受過去與現在之間的界限游移，但實際情況複雜很多。人們雖然在某種程度上不自覺的將當代心態投射到過去，但對歷史似乎仍存在既分割又連結的雙重看法。此種看法可參考英國研究者阿蘭娜・麥克帕克（Alana McPake）的論述：https://www.gla.ac.uk/media/Media_814462_smxx.pdf

註九　英國學者雪萊・加爾平（Shelley Galpin）於二〇二四年出版有關時代劇的研究著作《時代劇與年輕觀眾：研究的基礎》（*Period Drama and the Young Audiences: the Foundations of the Research*），其觀點可參以下短文：https://www.thechildrensmediafoundation.org/public-service-media-report/articles/the-appeal-of-period-drama-for-a-younger-audience

註十　曹瑞源與林君陽的看法可見兩人接受《La Vie》雜誌的訪談：https://www.wowlavie.com/article/ae2201563、https://www.wowlavie.com/article/ae2101079

（本文原分上下篇刊載於二〇二四年十一月十四日及十五日《關鍵評論網》）

2.3

無盡黑夜的星空，依然閃閃動人！

《星空下的黑潮島嶼》幕後紀實書序

常言：歷史是一面鏡子，但也必須人們願意「照鏡子」，才有辦法看見歷史脈絡下的自己，從而培養自我的歷史意識。就此而言，歷史劇或時代劇往往是讓社會大眾願意「照鏡子」的有效觸媒。

台灣的影視產業早期曾經製作不少歷史劇或時代劇，但它們的時空背景絕大多數是中國大陸史，鮮少正視台灣史。其後，文化氛圍逐漸轉向，日益重視現下生活及主體思考，加上製作經費不足，台灣的影視產業愈來愈少製作此類戲劇，若非公共電視以有限經費持續灌溉，歷史劇或時代劇在台灣幾乎面臨斷炊。猶記得本人在公視擔任總經理時，原希望透過募款及年度預算，製作三齣分屬於台灣三個重要歷史年代的時代劇，最後仍因經費窘困，只能完成一部以台灣民主國為背景的《亂世豪門》。

近年來，在有心業者、公視投入及政府經費挹注下，以台灣歷史為背景的戲劇不只數量增加，而且品質益趨精緻，引發的社會迴響亦大為提升。遠的不說，較近期的《茶金》、《斯卡羅》、《聽海湧》等，都是鮮明的例子。社會大眾對於這些戲劇的「寫實性」容或存在爭議，但不少人因為觀劇進而關注其背後的歷史脈絡，甚至引發探尋歷史真相的熱潮，幾已成為時代劇或歷史劇播出後必定伴生的文化現象。

作為公廣集團客家電視台第一部大型製作的時代劇，《星空下的黑潮島嶼》是這波時代劇浪潮中一個具有指標意義的作品。它的特殊性不只在於客家元素的投入，亦同時在於戲劇形式的突破。《星空下的黑潮島嶼》雖然是以高壓統治下的綠島政治黑牢作為故事題材，但它嘗試另闢蹊徑，不以仇恨、肅殺為基軸，轉而以黑暗中仍未滅絕的人性為主色調，以黑暗中仍然存在的希望為主旋律，意圖讓觀眾感受到無盡黑暗中仍然存在的微光，以及微光所蘊藏的巨大潛能。

歷史本來就不應該是故紙堆裡的玩意，也不可能有一錘定音的詮釋，台灣的歷史劇或時代劇自然也應該百花齊放，展現更多元的視角與形式。唯有如此，台灣的民主才能有旺盛的生命力，台灣的戲劇也才能有蓬勃的創造力。從這個角度來看，《星空下的黑潮島嶼》無疑呈現了台灣歷史劇或時代劇的新面貌，亦注定要接受觀眾來自不同角度的檢視，進而相激相盪、承先啟後，為台灣的歷史劇或時代劇注入新活水。

在跨國串流平台的影響下，蓬勃發展中的歷史劇或時代劇已呈現出有別以往的多元風貌，即使是以相同時空或事件為背景的時代劇，亦出現許多新視角的詮釋。例如Netflix近期以一八五〇年代美國西部為背景所推出的《馴荒記》（*American Primeval*），即企圖顛覆以往電視或電影中被簡化的西部意象：一個在鄉村新興城鎮中雄心勃勃的先驅者世界。《馴荒記》講述了一八五七年美國猶他州原住民、拓荒者、摩門教士兵和美國政府之間致命衝突的悲慘故事，沒有意氣風發的拓荒英雄，只有求生存的焦慮與奮鬥，以及赤裸裸的人性試煉與道德考驗。

《星空下的黑潮島嶼》與《馴荒記》相同，它們都希望透過不同視角審視歷史，而且是以當代的視角回顧歷史。歷史是一面鏡子，但呈現歷史的鏡子可能有別，甚至每個人看鏡子的角度亦不相同，只要戲劇是以真誠的態度來製作，無論是哪一面鏡子，觀者必然都有所感。《星空下的黑潮島嶼》讓我們看見：即使是無盡黑夜的星空，依然閃閃動人！

（本文原刊於二〇二五年三月出版的《星空下的黑潮島嶼》幕後紀實一書）

2.4

社會議題劇觸動觀眾改革心弦

《化外之醫》首映會觀後感

今晚的金馬影展很「電視」，也很「越南」！

即將於二〇二五年上檔的公視最新「社會議題」戲劇《化外之醫》，今天（二〇二四年十一月九日）傍晚在金馬影展舉行首映會，獲得觀眾熱烈掌聲與迴響。

《化外之醫》在金馬影展官網中有以下描述：「鋪墊寫實懸疑風格，深入社會移工爭議，打造觸目驚心的醫療犯罪劇集。」用一句淺白的話來說，這部劇是探討移工問題的醫療犯罪劇，懸疑其表、議題其裡。

毫無疑問，《化外之醫》一點也不嚴肅，一點也不無聊。但它仍屬於「社會劇」（Social Drama）或「社會議題劇」（Social Issue Drama）的類型。Netflix 有這種類型劇，也為它下了定義：「想看情勢危急，同時發人深省的故事嗎？這些鎖定種族、性別、階級等議題的電視戲劇正適合。」

另外一個來自於影視領域對於社會劇的定義大意如下：這是一種感動和激勵人們改變政策、執行作為和個人行為的戲劇類型。它對社會議題進行既戲劇性又仿真的處理，將觀眾的情感與自我的假設、刻板印象及偏見連結起來。

實則，戲劇向來具有反映社會現實，檢視社會問題的傳統。古希臘人即常透過戲劇來探討道德與正義的課題，莎士比亞的諸多作品亦深入社會不公的現象及人類處境的思索。儘管Netflix處理社會議題的戲劇必然強調戲劇張力、情緒渲染，甚至基於尋求觀眾的極大化，以比較煽情的方式來探討種族、性別、階級等議題，以致偏移或稀釋了公共議題的呼吸或表現空間，但若處理妥當，仍有引領觀眾關注社會議題的功能。

就我個人的體認來說，「社會劇」或「社會議題劇」是公共電視應該特別重視的戲劇類型。原因無他，因為公共媒體的存在宗旨之一就是推動公民參與，鞏固民主機制，而這類戲劇可以反映社會問題，觸動觀眾思索，進而激勵公眾採取適當行動來改變現狀。諸多研究皆顯示，社會議題劇確實容易牽動觀者的情感，讓觀者沉浸於其所反映的社會議題，引發共鳴，進而付諸行動，產生推動社會變革的力量。

商業電視以尋求利潤為主要目標，未必願意著力在這類難以預期利潤，又可能招惹政商力量的戲劇類型。即使有所觸及，也往往必須包裝其他元素，卻又可能演變成喧賓奪主的結果，例如過度強調暴力、懸疑或犯罪等等元素，以致觀眾無法領會該劇所要探討的社會議題，或者簡化了社會議題的思考空間。

公共電視多年來致力製播社會議題劇，二〇二五年起將陸續推出重磅戲劇，包括探討移工問題的《化外之醫》，青少年吸毒問題的《郵票與舒芙蕾》，以及直面「國家政策」、「隨機殺人」、「精神疾病」、「公共衛生」、「社會安全」、「國民法官」等議題的《我們與惡的距離 II》，值得大家期待。

《化外之醫》是由公共電視、中華電信、瀚草文創合製的國際醫療犯罪影集，製作人是不斷推動台灣戲劇向前超越的湯昇榮，並由金鐘導演廖士涵與詹淳皓聯手執導。卡司方面則邀請到越南影帝連炳發擔任男主角，張鈞甯任女主角，以及楊一展、許安植、夏騰宏及蔡亘晏（爆花）等演員主演。難得的是，還有許多新移民及移工參與其中，意義特殊而深切。

首映會進行映後座談時，連炳發特別受到大家的歡迎。他為了參與這部劇的演出，當時還婉拒了韓國方面的邀約，盛情可感。

「手術刀不只要切開血肉模糊的慘痛過往，更要劃開階級不公的底層真相」。相信《化外之醫》正式播出的時候，大家應該更可以感受到以上劇情簡介中的文字，進而思索「不同族群的生命是否分貴賤」？

（二〇二四年十一月九日）

2.5

多元與創新的戲劇製作風貌

公廣集團持續扮演台劇火車頭角色

戲劇與大眾生活互動密切，形塑社會文化至深。公廣集團（特別是公視）所製作的戲劇已成為推動台劇發展的重要動力，甚至扮演品質突破的火車頭角色。我在個人臉書上曾陸續推介就任公廣集團董事長後所上檔的戲劇，藉以呈現集團多元與創新的戲劇製作風貌，特彙整於下，供社會大眾檢視公廣集團在戲劇製作上的用心與績效。

人選之人——造浪者

正當全球高度關注台海情勢之際，一部由公視及大慕影藝聯合製作，描寫台灣民主選舉的政治幕僚職人劇《人選之人——造浪者》，也經由 Netflix 進入全球觀眾的視角，並逐漸掀起波浪之中。

是的，Taiwan 正逐漸以自己的清晰形象，在國際上脫離 Thailand 的籠罩；生猛有力的台灣政治，也屢屢躍上風起雲湧的國際舞台。這個華人世界僅有的高度民主實踐，儘管存在不少問題與挑戰，但毫無疑問，它正以蓬勃的生命力向世人展現民主的可能與潛能。

不必歌頌，也不須自貶。台灣影視界絕對可以從台灣民主發展的歷程中，找到無數精彩的題材，得到無數創意的啓發，譜出無數動人的故事，《人選之人——造浪者》只是其中一個最新的嘗試。

這部戲講政治，更談人性。台灣政治獨特，人性則連通全球，一部戲若能演繹人性的共通點，即可突破政治的特殊性；若能穿透人性表相，探索人性底層，即使是台灣的故事，亦能觸動全球觀眾心弦。

《人選之人》在全球造浪之後，希望能激發更多的後繼者，向世人述説台灣人民追求民主的不懈意志。

（二〇二三年五月一日）

華麗計程車行

宣傳一下，但確實值得一看。華視與 LINE TV 合作的好戲《華麗計程車行》，將在今晚（二〇二四年二月十八日）十點首播。

兩個合作單位日昨舉行新劇開播記者會，已經很少參加此類記者會的我，在同仁安排下也到了會場。記者會中播放了十二分鐘的精華影片，看到不少在場者眼中有光，更讓我確信，這片土地上每個認真生活的人，都是戲劇的好題材，若能好好刻劃這些笑淚交織的生命故事，台劇其實生機勃勃。

《華麗計程車行》就是一齣呈現台灣人民鮮活生命力，展現草根生活智慧的好戲。題材源自真實存在的「華麗計程車行」，相信觀眾看過之後必有會心之感，車行並不「華麗」，但溫馨動人的生命故事卻是「華麗」無比。

開春的記者會現場熱鬧澎湃，自己也當記者，拍了不少照片，分享大家。記者會現場的部分佈景會後搬到華視一樓大廳，有興趣的朋友也可以過來打卡。這部由華視與 LINE TV 合作的戲劇，源自真實人生，反映庶民生活。真情至性，值得品味，也是台灣戲劇可走的一條路。

就等看戲的觀眾來品評了！

（二〇二四年二月十八日）

不夠善良的我們 & 鹽水大飯店

誰說台劇不能好戲連台？這裡要向大家推介兩部公廣集團出品的好劇：《不夠善良的我們》及《鹽水大飯店》。如果您願意看，看完了不滿意，可以找我算帳。

公視戲劇類型多元，意在全方位滋潤台灣戲劇的土壤，多角度滿足各類觀眾的需求。雖然如此，強調公共價值的公視不會無病呻吟，更不會粗製濫造，不論類型為何，總希望能讓觀眾有感，起社會共鳴，不只是看爽而已。

《不夠善良的我們》，探索都會男女的人性頓挫；《鹽水大飯店》，描繪政治生活的人性抑揚。前者孵化於虛構，卻有緊密的現實感；後者立基於真實，卻有濃厚的故事性。兩劇類型截然不同，但都觸動心弦，令人回味再三。

總經理公差出國，昨晚代表參加《不夠善良的我們》的記者會及首映會，星光耀眼之餘，看到來賓們滿意的表情，相信好戲絕不孤單。這部精彩好劇由金獎團隊徐譽庭編導，加上黃金陣容的超強卡司，將自二〇二四年四月六日起，每週六晚間九點在公視頻道播出，邀請大家一起來欣賞。

《鹽水大飯店》由多次得獎的鄭文堂、林志儒導演共同執導，一群包含眾多年輕世代的優秀台語演員擔綱，已經於二〇二四年三月三日開始上映，觀眾迴響熱烈，目前每週日晚間八點在公視台語台播出，還沒有看的朋友現在開始看也不嫌遲。

（二〇二四年三月二十二日）

我的婆婆怎麼那麼可愛

看戲，有時候是一種自我療癒。喜劇，對不少人而言，療癒的效果似乎更為顯著。

《我的婆婆怎麼那麼可愛》第二季即將從本週六晚上九點起在公視頻道播出，不少人告訴我，這部在第一季就創下公視戲劇收視紀錄的劇集，當時為他們帶來無比舒暢的心情，或許就是某種療癒的效果吧！

《我的婆婆怎麼那麼可愛》昨天（二〇二四年四月三十日）下午舉辦首播記者會，演員們個個喜感十足，舉手投足都是笑點，相信心中有鬱結的人，看這部劇應能消除若干塊壘。

我在致詞時打趣說，雖然有朋友建議將來可以製作新節目：《我的爺爺怎麼那麼可愛》，但飾演婆婆的鍾欣凌這麼年輕，還可以演幾十年的婆婆，實在輪不到爺爺上場。

《我的婆婆怎麼那麼可愛》是由金牌製作人陳慧玲，導演鄧安寧、編劇溫怡惠共組的「鐵三角」攜手打造，第二季原班卡司幾乎全數回歸，黃金陣容令人期待。

公視多年來持續投入台灣原創戲劇的製作，其中「生活劇」系列取材自不同產業的發展軌跡，刻劃不同時代台灣人民的情感，包括《苦力》、《我的婆婆怎麼那麼可愛》、《茶金》、《牛車來去》等，可以說已走出一條特色道路。

《我的婆婆怎麼那麼可愛》更是成功樹立了一個IP，新一季除延續幽默精彩的故事線外，更結合台南知名的景點和台灣傳統產業（如鳳梨酥、蘭花），希望讓觀眾看到台灣豐富的在地文化。就請大家五月四日起每週六晚間九點鎖定公視頻道及各合作平台，一起收看趣味更升級的全新內容，再次跟著《婆婆》一起笑嗨嗨！

（二〇二四年五月一日）

聽海湧

《聽海湧》，應該是我這次到公視服務之後，迄今最「超乎期待」的一部劇集，不僅製作品質令人驚豔，而且具有高度的時代意涵，讓首映會的觀眾低迴不已。

這部由公視出品的最新劇集，以二次世界大戰中的台籍戰俘監視員為主題，深刻探索戰爭下的人性幽微與曲折。昨天（二〇二四年六月二十七日）在台北電影節舉行亞洲首映會，與劇情歷史背景相互呼應的中山堂裡，坐著滿場的觀眾，也獲得大家熱烈的掌聲鼓勵。

台籍日本兵或戰俘監視員是台灣戲劇極為少見的題材，原因不僅在於重建歷史場景的困難，還包括故事題材涉及複雜的歷史脈絡及敏感的人性沈浮。因此，當節目部展開這部戲劇的製播作業時，便特別賦予關注。而當製作團隊因為提高製作品質而經費有所不足時，也由董事會合議通過增加預算。

增加預算當然不能隨便為之，必須有其合理性，在看過部分片花及瞭解拍攝情形後，發現製作團隊確實超過原先製作品質的預期，董事會因此吃下定心丸，決定提升經費予以支持。《聽海湧》也不負期待，入圍全球影集競賽最重要影展之一的法國里爾劇展（Series Mania）

國際全景競賽單元，大放異彩。

《聽海湧》以身在婆羅洲的台籍戰俘監視員捲入一場冷血屠殺，被控犯下戰爭罪作為劇情主軸來開展及演繹。男主角之一，也是台籍戰俘監視員三兄弟之一在劇中說了這麼一句說：等戰爭結束，我就可以回家做個一般人。殘酷的戰爭無法兌現這句話，也道盡戰爭對人性的無盡傷害。我在首映會看到第二集，已經為之動容。

這部劇集共五集，製作團隊可謂年輕新銳，由孫介珩任導演兼製作人，另兩位製作人是林佳儒、湯昇榮，編劇為蔡雨氛，主要演員包括吳翰林、黃冠智、朱宥丞、連俞涵、施名帥、周厚安與 Runa 等。二〇二四年八月十七日晚上即將在公視播出，我誠摯推薦大家一起來觀賞。

（二〇二四年六月二十八日）

附註：《美國之音》訪談《人選之人——造浪者》

《人選之人——造浪者》於 Netflix 全球首映之後，受到觀眾喜愛，很快登上台灣排行榜冠軍及若干地區前十名，亦引來不少中國觀眾翻牆追劇與熱議。《美國之音》記者黃麗玲曾就此訪問我，並於二〇二三年五月十日刊登訪問稿，標題為「中國觀眾翻牆追台灣熱播劇《人選之人》——台灣能，為何中國不能？」

我在受訪時談到該劇的意涵及影響，以下節錄我的回答內容供社會參考：

作為此劇的出品人和投資方，位於台北的公共電視董事長胡元輝在接受《美國之音》採訪時表示，公視有別於一般商業電視台，不著眼於「搏眼球」的娛樂作品，而是從公共利益的角度，致力於推動「社會議題劇」，一種好看、但又能反應社會真實和多元面向的劇型。

胡元輝說：「這部戲包含了非常多的社會議題，像廢死議題、生態保育、性別平權的議題，這些都是普世課題，究竟台灣在面對這樣的課題的時候，是怎麼樣去處理的？把它放到選舉的脈絡裡面，它又會面臨到什麼政治與理想中的掙扎，我覺得這本身就具有一種動人的故事內涵，它又有特別台灣的經驗，所以我們在這樣的規劃之下，相信它可以引起全球觀眾的共鳴。」

他說，公視希望透過此劇，能讓全球觀眾看到台灣選舉的真實活力，反映台灣的民主維度，並關注劇中所追求的普世進步價值，甚至引發全球觀眾對理想的反思和追求。

台灣自一九九六年首度實施總統直選以來，一人一票選出各級民選官員的民主體制已是台灣人習以為常的生活樣貌，但遲至二十多年後，才有這麼一齣政治幕僚職人劇的問世。對此，胡元輝說，或與機緣有關，一方面劇組覺得時機成熟、有意願處理此類題材，另一方面，台灣戲劇產業歷經前幾年的沉寂後，已漸趨活絡，也願意挑戰政治性題材。

對於兩岸觀眾熱議戲劇中的金句，公視的胡元輝說，這些金句引發共鳴，而且劇情反應真實，讓觀眾有感，雖然劇中也如實呈現出現實面的掙扎，但最終啟發人們重燃生命的熱情和追尋理想的可能。他指出，美國戲劇討論社群網站 MyDramaList 針對此劇有一段評論稱：透過此劇，「我們深受啟發並相信，正義與進步終將取得勝利，透過毅力、選民的投入和有紀律的政治領導人物」。他說，若觀眾能對此劇有如此深刻的評價，公視製作此劇也值了。

對於《人選之人》遭中國影音社媒豆瓣刪禁討論詞條，胡元輝說，豆瓣的反應「非常制式」，至於微博等網站則相對開放，仍允許討論，他相信，這部劇應會對中國觀眾產生兩大深刻的感受。

胡元輝說：「第一個，當然是選舉的形式，在中國大陸，選舉的形式並不存在的，所以對符合民主精神的選舉形式，我相信，他們一定是有感。第二個，過去可能有人會講，選舉當中可能會有黑、金，會有理想、現實的糾葛，因此最後會沉淪或墮落，但他們可能看這部戲後發現，不全然是如此，也就是，在現實中，的確有一些不理想因素，但更多是在這個過程中，如何要把自己的理想往前推進，獲得實現的可能的這樣一種生命力，這才是民主真實的一個存在。」

他說，民主反映的是所有人想法的總和，不可能是一言堂，而且透過民主，集眾人之力，來追求解決之道或理想的可能，才是民主最動人之處。

胡元輝說，基於政治現實，此劇一開始就不考慮中國市場，否則男主角之一也不會啟用遭中國封禁並誣陷為台獨份子的戴立忍，但製作方仍歡迎中國觀眾收看，未來也會透過其他管道，對中國播放。

輯 3

新聞引航

3.1

謹防「沒有事實的世界」
公視宣布投入事實查核的行列

面對傳播生態諸多劣質化發展的挑戰，公視經管團隊今天（二〇二五年三月十九日）宣布加入台灣事實查核的行列，除強化新聞部門同仁的查核能力外，亦將推行常態性的事實查核作業。不僅如此，公視所設立的公民新聞平台 PeoPo，已有超過一萬三千名登錄的公民記者，亦將推動設立查核機制，投入事實查核的行列。

公視今天舉行年度國際研討會，今年的主題是「信任重建：事實查核的藝術與實踐」。經管團隊決定以此為主題，一方面是希望藉此吸取國際經驗，另方面亦是有意透過此一場合，公開宣示公視推動事實查核的決心。作為台灣事實查核運動的推動者，我雖然曾與經管團隊交流事實查核的意義與做法，但知道經管團隊決定以具體行動投入，心中不無感動。

全球最大社群平台 Meta 今年初決定停止與美國事實查核組織合作，引發全球關注，誠如公共媒體聯盟（Public Media Alliance）聲明中所言，「社群媒體巨頭不再確保其平台內容的準確性，此舉凸顯免費、可靠、可信、獨立、資源豐富的公共服務媒體的必要性，這些媒體能夠專業且無畏地區分事實與虛構」。

有人或許疑惑，媒體進行事實查核不是天經地義嗎？誠然，新聞業既以傳播正確資訊為宗旨，採集資訊時必然要核實其正確性。不過，相較以往，現在新聞工作者的資訊來自多方，包括數位世界中大量不知來源、亦真偽難辨的訊息，必須運用新的查核技術與工具進行查證，而新興的事實查核運動在此一方面已有成熟發展，可資傳統新聞業加以運用。

有人或許還會疑惑，這些技術與工具並非新興事實查核組織所可獨擅，何況，報導事實亦為新聞工作的本質，媒體何以需要推動事實查核？實則，就當前的數位資訊生態系統而言，新聞工作者的任務已不只是傳播正確資訊而已，尚有揭露不實的需求。畢竟，一般閱聽眾所身處的資訊生態系統，不僅訊息氾濫，抑且良莠不齊，資訊消費者難以分辨真假，很容易就囫圇吞棗，因此揭露不實已成為許多公共媒體積極承擔的新聞任務。

已經有不少歐洲的公共媒體以專設單位進行常態性的事實查核，而且持續加大力道，例如英國的 **BBC Verify**、德國的 **ARD Faktenfinder**、比利時的 **RTBF Faky**、法國的 **Vrai ou**

Faux。他們擔心如果人類不再重視事實，將可能迎來一個「沒有事實的世界」（world without facts）。

全球事實查核運動目前正遇到不少外部挑戰，也有自身的問題需要克服，公廣集團新聞團隊願意在逆風之時，邁開步伐向前行，委實值得鼓勵。不過，未來的路漫長，仍有賴堅持與創意方能開創新頁，我願意隨時為他們敲邊鼓、添柴火。

我在國際研討會的開幕式，也代表公視向與會來賓做了簡短的開幕致詞，謹節錄部分內容如下：

訊息傳播更為便利與快速的今天，許多人都感覺到，各種不實資訊與有害內容亦層出不窮，不僅嚴重破壞傳播生態的健全發展，也讓我們更加體會可信資訊的重要性。「信任」原是媒體最珍貴的資產，如今已成為最不易維護的資產。公共媒體以傳遞真實、守護民主為使命，如何守住公眾的信任更是核心任務，以及必須與時俱進的課題。

因此，今年我們以「信任重建：事實查核的藝術與實踐」為題，將與來自國內外的專家共同探討，如何在全球媒體環境變遷的浪潮中，深化事實查核機制、強化資訊韌性，並重建公眾對媒體的信任。我們很榮幸邀請到來自日本放送協會（NHK）、歐洲價值安全政策中心、德國聯邦政治教育中心、無國界記者組織（RSF）、台灣事實查核中心與台灣人工智慧實驗室的專家，共同交流對抗假訊息的策略。

他們將分享各自的經驗，包括公共媒體如何在災害、選舉等關鍵時刻發揮事實查核的影響力，人工智慧如何幫助打擊錯假資訊，以及如何透過國際合作提升資訊的可信度等等。我相信，這些討論將為我們帶來深刻的啟發與實際可行的行動方案。

在全球追求資訊生態健全化的道路上，令人遺憾的，我們最近看到幾個不利的發展，包括Meta在今年一月宣布停止與美國事實查核組織合作，以及Google、YouTube等平台隨後退出歐盟平台自律機制。數位平台是當前資訊傳播的重要管道，現在紛紛棄守自律作業，不僅讓可信資訊的傳播更為艱辛，亦加重了媒體工作者推動資訊生態健全化的責任。

公共媒體的價值來自於我們對真相的堅持、對社會責任的承擔，以及對公眾信任的珍視。台灣公共電視一直致力於提供獨立、公正、深入的報導與內容，並積極推動媒體素養教育。我們期許透過今天的研討會，激盪出更多的想法與合作機會，讓公共媒體在快速變化的資訊環境中，持續發揮關鍵作用。

（二〇二五年三月十九日）

3.2

是商業邏輯操控，不是文化出現轉折

Meta 事實查核政策翻轉幕後

幾年前的預測，竟不幸而言中！

Meta 創辦人祖克柏昨天（二〇二五年一月七日）宣布以「言論自由」為重，停止在美國與第三方事實查核組織的合作，改變八年多來逐漸發展成型的假訊息管理作法。此為社群平台訊息處理政策的重要轉向，值得台灣相關方面重視，並採取因應對策。

Meta 從二〇一六年末開始，逐步於全球展開與第三方事實查核組織的合作，對其所屬臉書平台的訊息進行事實查核。毫無疑問，此為 Meta 在當時全球政府與民間社會的壓力下「被迫」採取的因應作為，並非自發性行動。如今因為川普政府政策動向及民間風向的轉變，改弦易轍，實不令人意外，亦充分顯示了資本主義企業的趨利本質。

必須說明的是，Mata 的事實查核政策並不是將事實查核組織判定為假的訊息予以刪除，而是降低它在平台上的傳播速度。而且，從事查核的第三方組織除須遵循國際事實查核聯盟（IFCN）所訂的專業準則外，每年亦必須接受獨立專家的審核，才能繼續承擔資訊查核的任務。

在事實查核的作業上，Meta 必須為此建立協作機制並付費給第三方合作單位，確有實際費用的支出。對於追求利潤的跨國科技公司來說，這項支出雖然在其營業費用中所佔比例甚微，但當然是「能省則省」。何況，不少專家指出，抑制不實訊息等有害內容的傳播，還可能降低使用者對臉書的黏著度，抑制了 Meta 獲利率的成長。

Meta 在平台訊息處理的政策上，並非只依賴與第三方事實查核組織的合作，畢竟這些組織的查核能量仍然有限。面對平台上流傳的各類型違法或有害內容，訊息刪除量最大的執行者其實是 Meta 自身的查核團隊，他們運用 AI 科技加上人工審核，大量刪除違反該公司所訂《社群守則》的內容和行為。

但祖克柏同樣要「削弱」這個部分的運作，除了將內容審查團隊從加州遷至德州，以減少所謂主觀偏見的問題之外，他也宣布，Meta 將停止主動掃描仇恨言論和其他類型的違規行為，僅根據使用者檢舉來審視此類貼文，並將自動化審查系統的重點放在消除恐怖主義、剝削兒童、詐騙和毒品等「高度嚴重的違法行為」。

祖克柏聲稱 Meta 的政策轉變是因爲「我們已經到了錯誤太多、審查太多的地步，是回到言論自由根源的時候了」。可是，Meta 自己的審查作業何以會有錯誤太多的問題，其實與自動化查核科技及人工審核的資源投入密切相關，如果 Meta 願意在此方面投入更多資源，並且提高人工審查的人力素質，錯誤自然會減少。現在反而「倒果為因」，不禁讓人懷疑，Meta 的轉變與追求利潤的商業邏輯脫離不了關係。

社群平台當初係以維護言論自由，反對政府立法介入內容傳播為理由，採取更為積極的內容管理政策，包括展開與第三方事實查核組織的合作，並強化自身的自動化查核及人工審查團隊。現在又以言論自由為名，政治偏見為詞，改變既有的內容管理政策，實在很難令人信服。

就言論自由的角度言之，社群平台進行內容管理的自律政策，乃是民主政治下所須負擔的企業社會責任，亦可藉此阻卻政府的過度介入。基於上述思維，歐盟於二〇二二年通過的數位服務法，對社群平台課以更高的內容審查義務，包括要求平台建立通知與行動、申訴處理、風險評估、演算法透明化等機制，並接受外部的獨立稽核，以打擊線上非法服務或內容，確保更安全與透明的線上環境。這也是祖克柏只能以美國為起點，不敢貿然在歐洲同步取消與事實查核組織合作的根本原因。

所以，問題應該在於社群平台是否能夠承擔應有的公共責任，投入足夠資源，並且妥善執行相關內容管理措施才對。但祖克柏反而以感覺社會出現「文化轉折點」（Cultural Tipping point）為由，進行政策翻轉。對此，國際事實查核聯盟指責Meta是在「極端政治壓力下」所做的決定，印證祖克柏日前親赴佛州海湖莊園與川普共進晚餐，捐款一百萬美元給川普就職典禮基金，以及聘任川普密友為董事等作為，洵非虛語。

不過，可以預見，Mata的政策轉變勢必會向全球推進。網路違法及有害內容具高度威脅性的台灣，既無歐盟般的立法做後盾，又處於高度政治對立的環境之中，如何面對跨國社群平台內容管理政策的轉向，實不只是事實查核組織的問題而已，更是關乎整體社會的安全問題，必須慎重以對。

（二〇二五年一月八日）

3.3 以事實查核建立新聞品牌信任度

赴英交流記行之一

英國的事實查核組織雖不多，但事實查核的實踐仍在媒體與公民團體兩種類型的組織中得到不錯的發展，足為台灣參考。最具代表性的組織自然是媒體領域的 BBC，以及公民團體領域的 Full Fact。

BBC 係舉世知名的公共媒體典範，早在二〇一七年一月即正式成立事實查核小組，致力於清除假新聞和假故事，尋找真相，並以 Reality Check 為名推出查核報告。實則，在成立正式小組之前，BBC 即曾多次以專案方式進行 Reality Check，並且受到媒體界及讀者的關注。當時的 BBC 電視台新聞部總裁哈定（James Harding）表示，「我們要讓事實查核不只是一項公共服務，還要讓它受到高度歡迎，亦即讓事實比假新聞更為迷人與渴望」。

二〇二三年五月，BBC 整合 Reality Check 等內部多個團隊，正式宣布推出 BBC Verify，與觀眾分享其報導所依據的資訊，展示獲取和查證資訊的先進編輯工具和技術。對 BBC 而言，BBC Verify 是一個調查記者團隊、一個品牌，也是 BBC 倫敦新聞編輯室的一個實體區域。作為一個工作團隊，BBC Verify 係由約六十名記者所組成，包含 BBC 原先已進行開源調查（OSINT）、事實查核及查證工作的現有團隊。換言之，團隊成員多具備超越傳統新聞編輯室技術的專業查核能力，並在新聞查證（Journalistic Verification）或鑑識新聞（Forensic Journalism）領域已有多年工作經驗。

作為一個品牌，BBC 現任新聞負責人特內斯（Deborah Turness）強調，觀眾告訴 BBC，「如果你知道它（新聞）是如何製作的，你就可以相信它所說的」。「信任是贏得的，透明度將幫助我們贏得信任」。因此，BBC Verify 希望拉開新聞業的帷幕（pull back the curtain），展現新聞作業的「徹底透明」（Radical Transparency），藉以建立觀眾的信任。

二〇二四年三月，BBC 新聞進一步推出「內容憑證」（Content Credentials）功能，作為確認圖像或影片來源及其真實性的一種驗證方式。依據此項新功能設計，BBC 新聞網站的使用者現在可以在 BBC Verify 內容的圖像和影片下方看到一個新按鈕，上面寫著「我們如何查證此訊息（how we verified this）」。點擊此按鈕就會顯示BBC的記者如何查證圖像和影片的真實性，其說明可能包括其他來源的對照、後設資料（Metadata）的檢視、位置與天氣的比對、陰影投射是否正確，以及該材料其他實例的搜尋結果等。

BBC「內容憑證」使用新技術將查證資訊嵌入到圖像或影片本身中，藉以反制該內容的相關假訊息。這項新功能所運用的標準來自「內容來源與真實性聯盟」（Coalition for Content Provenance and Authenticity, C2PA），該聯盟係由BBC研發部門於二〇一九年與Adobe、Microsoft等業者共同創立，目前包括Google、Meta、OpenAI等業者也以不同形式加入聯盟。

「內容憑證」將先向BBC新聞網站及應用程式的使用者開放，未來，BBC將與外部出版商和社群媒體網路合作，確保「內容憑證」在任何地方都能有效顯示，以期有助於網路上人們可以快速、輕鬆地辨識內容確實來自BBC，而非虛假媒體的誤導性內容。對此，特內斯（Deborah Turness）再度強調，「在一個充斥著深偽（Deepfake）訊息、假訊息和扭曲事實的世界裡，這種透明度比以往任何時候都更加重要」。

毫無疑問，取代 Reality Check 的 BBC Verify，仍將破解不實訊息作為其日常工作的重要組成部分。不過，二〇二三年十月開始的以色列—哈瑪斯戰爭，不僅讓 BBC 陷入新聞公正性的爭議，亦讓 BBC Verify 的功能受到批評。若干媒體評論及民眾批評 BBC 不願以恐怖分子或恐怖攻擊來指稱哈瑪斯及其行為，乃是偏見所致。此外，BBC 有關戰爭的報導亦偏袒哈瑪斯。例如針對 BBC Verify 於二〇二四年三月一日發布有關加薩救援車隊死傷事件的調查，批評者指摘該項查證所仰賴的關鍵消息來源是一位在塔斯尼姆通訊社（Tasnim News Agency）工作的記者：馬哈茂德·阿瓦德亞（Mahmoud Awadeyah），但該通訊社與伊朗革命衛隊有聯繫，而且這位記者也常常在個人臉書發表親巴勒斯坦、反以色列的言論。

英國媒體以類似 BBC 方式推動事實查核者頗為有限，另一個較知名的是公共服務媒體 Channel 4 的 FactCheck，於英國二〇〇五年大選時即設立，其後經過不同階段的改組，如今已成為常態化的作業，並擁有專屬網頁（https://www.channel4.com/news/factcheck）與部落格（https://www.channel4.com/news/factcheck/welcome-to-the-new-factcheck-blog）。Channel 4 在英國事實查核的推動上可謂先行者，不過，現在的組織規模及查核深度不如 BBC 甚多。至於公民團體所推動的事實查核組織，則以 Full Fact 最具代表性。

認為不良資訊（Bad Information）會助長仇恨、損害人們健康並傷害民主的英國知名事實查核組織Full Fact，成立於二〇〇九年，麥可・塞繆爾（Michael Samuel）和威爾・莫伊（Will Moy）為共同創辦人。塞繆爾為企業家，Full Fact的創始資金就是來自他的捐獻及約瑟夫・朗特里慈善信託（Joseph Rowntree Charitable Trust）的贊助。塞繆爾雖係英國保守黨的金主，但Full Fact係以跨黨派人士組成的信託來管理，藉以取得社會公信力。至於兼任首任執行長的莫伊（Will Moy），之前係在英國上議院工作。

Full Fact的成立構想來自於莫伊與朋友們的酒吧談話，透過友人的介紹，莫伊與塞繆爾結識，經過討論之後決定共同籌組Full Fact，並分任該組織的執行長與主席。二〇一一年，Full Fact整合了Straight Statistics，這是一個由記者和統計學家發起的運動，希望促進全社會對統計數據的理解和使用。

Full Fact從一開始就不以發布事實查核報告自限，它們強調要以實際行動來對抗不實訊息、政治謬論和惡質新聞，調查不實訊息的原因和後果，倡導包括政策變革在內的解決方案。Full Fact的具體工作事項包括對政治人物、公共機構和記者的言論，以及網路病毒式傳播的內容進行事實查核；要求出錯的人士更正記錄，以阻止並減少不良訊息的傳播。此外，他們也致力開發可以找出重複宣稱的自動化事實查核技術（Automated Fact-Checking），以及在全球規模下處理不良訊息的方法。

Full Fact 從二〇一三年即開始研發自動化事實查核技術，並發展出「趨勢」（Trends）與「現場」（Live）兩類工具。前者可記錄錯誤陳述重複出現的數量與出處，藉以確實掌握誰在持續傳播錯誤陳述；後者的功能則在於發現電視字幕中是否重複出現已被查核過的不實陳述，然後自動回應出最近期的相關查核報告，此外，它也可以同時找出尚未被查核，但已存在可靠資料足以立即查核的聲稱。簡言之，這是一種有效的資料比對工具，Full Fact 希望繼續透過 AI 與機器學習技術的幫助，建立能夠自動偵測陳述並進行陳述比對的模式。美國的杜克記者實驗室與阿根廷的事實查核組織 Chequeado 亦同樣建置了可以掃描媒體文字資料的類似工具，藉以找出可資查核的宣稱。

在查核報告的發布上，Full Fact 不採取其美國前輩如 FactCheck.org 與 PolitiFact 的正確性評等做法。它們認為許多訊息、報導或政治言論的宣稱不能以簡單的正確或錯誤來看待，問題在於該項宣稱缺少重要的脈絡，因此對一項宣稱進行評等，在某些情況下並不能充分傳達查核背後的細微差異。Full Fact 希望尋求一種較少對抗性、更具協作性的事實查核方法，一方面對決策者和輿論塑造者進行查核，另方面則希望與他們合作，取得他們的更正。此種做法確與其他事實查核組織有別，呈現出獨特的運作模式。

Full Fact 是以非營利的慈善機構來營運，經費來源主要是個人、慈善信託和企業支持者的捐款。此外，並透過舉辦事實查核與統計教學課程，建置 Full Fact 商店來獲取經費。據媒體報導，二〇二一年，Full Fact 約 35% 的營收來自 Meta 和 Google，該組織希望資金來源能夠多元化。二〇二三年五月，長期擔任 BBC 記者並參與創立 Reality Check 的克里斯・莫里斯（Chris Morris）接替莫伊擔任 Full Fact 的執行長，致力於透過提升公眾形象來吸引更多資金，達成沒有一位支持者的捐助超過 15% 的目標，以避免自己出現財務困難並有助於公正性維護。

對於交流時即將到來的二〇二四年大選，莫里斯認為，這是 Full Fact 的首要任務，並指出可能是「第一次生成式人工智慧選舉」。與全球多數的事實查核組織相同，Full Fact 亦曾遭到政治人物的嚴厲批評，指責 Full Fact 讓他們像個說謊者。但該組織仍堅持向國會請願，要求同意議員可以有權更改說錯話的議事錄。

從 BBC 與 Full Fact 的經驗顯示，數位傳播時代的事實查核需要超越傳統查證的新方法、新技術，其中許多基礎性的新方法或新技術也勢必成為未來新聞工作者的必備能力，媒體組織有必要儘快強化從業人員此方面的裝備，以提升自身的新聞品牌信任度，教育機構亦必須儘速部署，以因應實務工作的緊迫需求。不過，建立事實查核的公正性並不容易，除仰賴查核機構慎重、細緻且長期維護之外，如何推廣以理性思辯為核心的社會文化，同其重要。

附註：二〇二四年二月間，受英國西敏寺民主基金會（Westminster Foundation for Democracy, WFD）邀請，台灣媒體觀察教育基金會組織台灣—英國「傳播媒體與新聞產製」雙邊交流參訪團，赴英國進行傳播及文化交流。個人亦受邀參與，本文及以下兩篇文章皆摘錄自當時所寫的出國報告。

3.4 法令與準則協力規範下的公正報導

赴英交流紀行之二

我國媒體生態存在嚴重的立場偏頗現象，可謂社會共識。到底媒體公正性在當代民主有無價值？該如何看待？洵為值得關注的課題。我國衛星廣播電視法第二十七條雖規定：製播新聞及評論，應注意事實查證及公平原則。惟何為公平原則並未清楚界定，一旦違反該原則亦無明確罰則可資處分。倒是總統副總統選舉罷免法第四十六條及公職人員選舉罷免法第四十九條對選舉期間的公正性做了若干規範。

相關法條規定，廣播電視事業得有償提供時段，供推薦或登記候選人之政黨、候選人從事競選宣傳，並應為公正、公平之對待。廣播電視事業從事選舉相關議題之論政、新聞報導或邀請候選人參加節目，應為公正、公平之處理，不得為無正當理由之差別待遇。違反規定者，處新臺幣二十萬元以上兩百萬元以下罰鍰，而以往選舉中確有媒體被依該法處分。即使如此，選舉相關法規所規範者僅限於有限的選舉活動期間，而且也未就公正原則做出定義。

我國二〇二四總統選舉尚出現廣電媒體負責人參選議題，對此，在無明確法令規範之下，NCC僅作如下呼籲，「如廣播電視事業之董事長、董事等經營階層參加競選，該事業於節目製播涉及選舉議題時，應注意維持客觀、公正、確實，特別在於競選期間應注意總統副總統選舉罷免法、公職人員選舉罷免法及廣電三法相關規定，以維護媒體獨立及專業公正性」。此一呼籲是否已足以成為民主政治下媒體應循的公正原則？顯有賴各方進一步思辨以確保民主運作的品質。

英國於傳播法（Communications Act）第三一九條對廣電媒體新聞報導的公正性做了要求，值得留意的是，它強調的是「適當」（Due）的公正性（Impartiality）。同條文中對正確性（Accuracy）的要求同樣加上了「適當」（Due）這個字。至於何種報導的呈現必須符合「適當的公正」（Due Impartiality）？該法第三二〇條指出包括「政治或產業爭議問題」（matters of political or industrial controversy），以及與目前公共政策有關的事項（matters relating to current public policy）。

到底什麼是「適當」呢？Ofcom的廣電準則（Broadcasting Code）中指出，「適當」（Due）是公正概念的重要條件。公正本身意味著不偏袒一方，「適當」是指節目的主題與性質足夠（Adequate）或適切（Appropriate）。因此，「適當的公正」並不意味著必須為每個觀點分配相同的時間，或者每個論點及論點的每個方面都必須被呈現。根據主題的性質、節目和頻道的類型、觀眾對內容的可能期望，以及向觀眾傳達內容和方法的程度，實現適當公正性的方法可能會有所不同。

廣電準則中進一步就「適當的公正」做出定義，規範廣電媒體在處理重大政治與產業爭議以及與當前公共政策有關的重大事項時，必須在每個節目或明確關聯且及時播出的節目中包含廣泛的重要觀點並給予應有的重視（Due Weight）；（適當的公正）可以在一個節目或視為整體的系列節目中達成。

頗具參考價值的是，英國在廣電準則有關公正性的規範中尚要求：除非特別狀況且在編輯上有正當理由，任何政治人物不得在任何新聞節目中擔任主播、訪談人或記者。廣電媒體若出現此種狀況，必須向觀眾表明該政治人物的政治傾向。Ofcom 主管在交流時亦強調，提供廣電服務的人對政治和產業爭議以及相關公共政策的看法，必須予以排除。

至於選舉及公投期間的公正性，英國法令規定除了上述一般性規範之外，尚強調必須對政黨候選人及獨立候選人的報導均給予適當重視，包括公投時的指定組織。此外，候選人在選舉期間不得擔任新聞主持人、採訪者或任何類型節目的主持人。候選人可以在選舉期間前規劃的非政治性節目中繼續露面，但選舉期間不得安排新的露面。

相關規範還包括：有關特定選區的報導或討論必須嚴格保持適當的公正性；廣電媒體必須以顯著支持方式向選區的所有候選人提供參與某個計劃的機會；選區報導必須包括所有參選候選人的名單。

相對於監理機構的法令規範，英國的媒體與事實查核組織自身亦針對公正性訂立了嚴謹的自律規範，原因不僅在於法律的遵循，更重要的是對於媒體存在價值與功能的體認。例如BBC的製播準則（Editorial Guidelines）開宗明義即將公正列為其基本言論價值（Editorial Values）之一，強調「我們秉持公正（Impartial），力求反映觀眾的觀點與經驗，以期我們的產出在整體上能包含廣泛與多樣觀點，並且不會低估或遺漏任何重要的想法」。

在公正價值的細部詮釋中，BBC同樣強調了「適當的公正」（Due Impartiality），至於「適當」（Due）的意涵，BBC則做了如下詮釋：「適當」一詞意味著公正必須是產出的充分（Adequate）與適切（Appropriate），同時考慮到內容的主題與性質、可能的閱聽眾期望，以及可能影響該期望的任何預示。

對於 BBC 而言，適當公正性不只是對立觀點之間的「平衡」，更在於包容性的實踐，能夠以廣泛視角確保各種觀點得到充分的反映。它並不要求在每個議題上都保持絕對中立，或超然於言論自由、法治等基本民主原則，而是致力於在適當的時間範圍內，在產出的整體中反映廣泛的主題和觀點，以便不會低估或遺漏任何重要的想法。BBC 製播準則中有關公正性的規範與 Ofcom 的廣電準則可謂精神一致、若合符節，在不少規定上更是有過之而無不足。

英國事實查核組織 Full Fact 對於公正性的堅持亦不遜於 BBC，甚至在官網上公開表示他們借鑑了 BBC 的經驗。Full Fact 強調自己不選邊站，並透過幾個途徑來確保自己的公正性，除了組成跨黨派的信託委員會，並將日常編輯事務交由執行長處理，委員會不做介入之外，所有員工在正式任職前也被要求簽署個人利益聲明，同意不公開表達政治觀點。志工也同樣要做出類似的聲明。

有意思的是，如何維持公正性不只是媒體的課題而已，它亦出現在民主運作的諸多環節。例如英國國會圖書館提供給國會議員做為問政參考的各項分析報告與資訊，同樣面臨公正性的考驗，並經由長期運作累積出自身的公正性準則。負責國際與國防事務研究的國會圖書館人員強調，「公正（Impartiality）是下議院圖書館使命的關鍵要素」。它們的工作在權威、正確與相關性之外，被高度期待能反映出當前政治辯論的評論和觀點的廣泛性。

有意思的是，國會圖書館所秉持的公正原則及具體作法，與新聞公正的概念及實踐有著若干相通之處，足可作為彼此的參考。向參訪團簡報的人員在介紹他們撰寫報告所秉持的平衡原則時，即引用 BBC 對適當公正性（Due Impartiality）所做的定義，強調他們從不宣稱會給予所有觀點相等的篇幅，而是將重點放在深度呈現對現行法律或政策的檢視。

就實際執行而言，他們的報告或分析會提出在西方自由民主國家中具吸引力的系列觀點，至於新穎或非主流觀點則受到較少關注。至於是否保持中立性的問題，他們則表示，工作人員希望呈現事實並讓讀者做出自己的結論，畢竟批評意味著直接挑戰，可能損害他們的公正形象。他們不是政治人物的事實查核者，只會針對國會議員事實陳述的錯誤或不正確的法律詮釋等，偶而作出溫和的挑戰（Gentle Challenge）。

台灣民主猶待深化，作為民主重要支柱的媒體生態尤屬深化工程中的重點。英國的媒體公正性規範顯示，我國法令有關公正原則的規範實屬匱乏，宜儘早透過討論建立規範共識。事實上，媒體生態若能彰顯公正原則，當能與其他社會領域所需要的公正性產生良性對話，進而有助於各層面社會公正的推進。

3.5

公共媒體是媒體素養教育的要角

赴英交流記行之三

對於不實訊息所形成的民主挑戰，社會大眾媒體素養的提升被認為是至為關鍵的因應策略；面對AI等新科技所帶來的產業經營挑戰，媒體從業人員的媒體素養培力亦被視為相當重要的在職訓練項目。此次赴英交流過程中，無論是與英國NGO、智庫的討論，或是與Ofcom、DSIT等政府部門人員的對話，都可以感受到媒體素養在當前傳播生態中所存在的價值。

根據英國二〇〇三年傳播法（Communications Act 2003）的規定，Ofcom具有推廣媒體素養的法定職責，包括針對媒體素養問題進行研究。二〇二三年通過的網路安全法（Online Safety Act）進一步要求Ofcom必須在該法通過之日起一年內制定並發布媒體素養策略（Media Literacy Strategy），說明Ofcom在該策略涵蓋期間（不得超過三年）的推廣措施，特別是要達成的目標和優先事項。媒體素養策略是連續性的作為，而且Ofcom每年都需就其作為的進展與結果發表聲明（Statement），具體反映出政府部門對媒體素養的重視。

由於媒體素養範圍相當廣泛，Ofcom目前將其職掌聚焦在利用他們的獨特影響力、證據基礎以及資源，來使英國的媒體素養部門變得更加有效而穩固，包括擴大及加強其財務，並鼓勵數位平台能夠在使用者素養方面做的更多，讓使用者能夠更安全的上網。

以AI的課題為例，英國Ofcom於二〇二四年二月二十二日即公布一份有關生成式AI與媒體素養關係的報告，探討它在網路生活上可能面對哪些機會與風險，以及平台、媒體素養機構及使用者應如何應對。Ofcom自二〇二三年六月開始發表系列關於未來科技趨勢的文件，有關AI的議題係第二份報告，希望藉此研究其對媒體素養的潛在意涵，以支持媒體素養工作者更為瞭解未來的機會與挑戰。

根據該機構最新的調查發現，79%的十二歲至十七歲青少年正在使用生成式AI工具及服務，加上生成式AI正被廣泛整合到社群媒體、遊戲、約會、應用程式及搜尋等服務之中，因此理解這些趨勢對媒體素養的意涵為何至為重要。該報告認為，媒體素養推動者早就因應網路的出現而發展出相關技能，如今雖然生成式AI崛起，但不一定意味著需要全新的媒體素養技能，不過，生成式AI可能會導致相關風險與機會的產生和體驗方式發生顯著變化，因此需要媒體素養技能的新應用。

媒體素養技能的新應用除了學校教育的推廣之外，媒體與平台亦負有責任。英國的公共服務媒體，特別是BBC，在媒體素養的推動上可謂積極的先行者與領導者，一方面協助公眾及學生媒體素養的培力，另方面則是致力提升從業人員的能力。關於前者，BBC致力於培養人們更好地使用、理解和創造媒體的技能，尤其是與新的網路技術相關的技能，包括能夠使用新技術查找資訊並批判性地接收及創建內容、管理風險。

此外，BBC近十餘年來也建置各種網路，提供各類學習資源，包括如何辨識假訊息等。目前，BBC為英國各地學校提供的免費課堂資源都集中在BBC Teach網站（https://www.bbc.co.uk/teach）。另外，BBC並為三至十六歲以上的學習者建置BBC Bitesize（https://www.bbc.co.uk/bitesize）網站，提供廣泛的學校科目的教學及學習支援。這些學習平台都有屬於媒體素養方面的材料，而且便於使用。

BBC在媒體素養學習資源的提供上不斷推陳出新，最近的例子是BBC與Microsoft的合作。二〇二三年，BBC的內部單位包括BBC Learning、BBC World Services和Microsoft，針對十一至十四歲學生協力開發了一個「我的世界媒體素養（My World Media Literacy）」免費教育平台，旨在提高全球媒體素養與兒少的新聞資訊評估能力。該計劃提供十個四十五分鐘的課程，每個課程都透過活動設計和配套影片，幫助學生瞭解新聞事件如何成為頭條新聞，以及記者角色、報導方式，培養學生成為負責任新聞消費者所需的批判性思考技能，同時激勵他們成為公民記者，以便駕馭新聞並形成自己的觀點意見。

至於從業人員的媒體素養，以最近備受關注的 AI 素養為例，BBC 早於二〇一九年即制定「機器學習引擎原則」（Machine Learning Engine Principles），針對 AI 的整體運用提出若干指導性的基本原則。隔年，BBC 更進一步制訂供機器學習團隊使用的自我審核清單，讓 AI 操作的規範框架更臻完備。BBC 強調，「機器學習引擎原則」是一個不斷發展的工具包，盼能立足於公共服務的價值，具實用性，並有助於負責任與可信賴 AI 的發展。

有鑒於生成式 AI（Gen AI）技術的突破性發展及應用，二〇二三年十月，BBC 公布了使用生成式 AI（Gen AI）技術的三個原則，包括：

- 始終以公眾的最佳利益為出發點。
- 始終優先考慮人才和創造力。
- 當我們使用人工智慧支援內容製作時，始終對閱聽眾保持開放和透明。

根據這些原則，BBC 進而修訂了他的人工智慧使用指引（Guidance），亦制定了供內部同仁使用的 AI 手冊，其中概述了必須考慮的不涉及編輯政策的關鍵問題，以及所有人工智慧使用者必須遵循的流程。面對來勢洶洶的 AI 新科技，BBC 顯然不只是積極迎接，而且如同負責該政策的主管 Rhodri Talfan Davies 所言，「每當 BBC 擁抱新科技時，我們都會將我們的價值觀放在首位。我們希望利用新科技讓所有閱聽眾受益，並幫助我們以嶄新且讓人興奮的方式實現我們的公共使命。更重要的是，我們希望積極影響新科技的發展，以支持可信賴公共媒體和資訊的供應」。

公共媒體的核心職責本來就是向公民提供完整、可信的訊息，確保公眾能夠善用媒體、資訊通達，成為具備媒體素養的公民，實踐成熟的民主自治。因此，公共媒體確實可在媒體素養的推動上扮演積極、多元的角色，儘管做法不盡相同，美國公共電視 PBS 同樣在它的數位媒體教學資源網 LearningMedia 上提供相關教育資源。各國公共媒體的作法雖有其社會脈絡與自我條件的考量，但顯然都不會在媒體素養的課題上缺席。台灣公視同樣將媒體素養納入具體工作策略之中，如何發揮更具體且有感的作用，值得參考他國公視的做法向前推進。

3.6 陰謀論飛舞下的公共媒體自處之道

今天（二〇二四年五月四日）在公共媒體聯盟（Public Media Alliance）的官網上，看到一篇由加拿大公共電視 CBC 新聞標準總監 George Achi 所寫的專欄，特別就圍繞 CBC 的陰謀論做出澄清。驚訝之餘，不禁對陰謀論侵蝕民主的威力產生更大的警惕。

加拿大向來被視為民主運作相對成熟的國家，它的公共媒體 CBC 同樣是各國參考的對象，但是 Achi 在他的文章中提到，加拿大關於 CBC 被不明勢力控制的陰謀論向來不缺。

Achi 提到的陰謀論包括：總理辦公室會直接與 CBC 聯繫以確定當天的新聞議程；CBC 會壓制特定新聞報導以保護某種政治或商業利益。最新的版本則是：某報紙專欄聲稱有個「祕密委員會」負責監視及審查 CBC 有關中東的報導。

這些陰謀論當然被直截否認，比較有意思的是，Achi 利用這個機會闡述了 CBC 的新聞製播準則，並且做了「媒體素養」的宣導。他強調，每個新聞機構都有自己對新聞的定義，無論它的使命是促進進步價值、捍衛保守理念，或是致力成為分享個人觀點的開放平台。

不同的新聞組織雖然對新聞的定義有所差異，但Achi認為我們無法做出誰好誰壞的評斷。作為公共新聞媒體，CBC的自我要求則是透過一套嚴謹的原則來界定其新聞工作，例如報導係基於正確、公平、平衡、公正與誠信等標準，以確保閱聽眾知曉可以從中獲得什麼樣的資訊。

這並不代表公共媒體期望記者放棄政治良知，不能擁有個人價值觀或觀點。Achi指出，與其他媒體不同之處在於，CBC的工作者不能利用CBC的新聞工作或其公眾形象來推進特定議題或個人利益。他們必須擱置個人主張，代之以公共利益下的新聞好奇心。

公共媒體承認自己也可能犯錯，但會不斷透過編輯對話及工作準則來自我改進，包括進行更多的報導，或在出現特定錯誤時，做出清晰透明的更正。Achi強調，願意徹底坦白認錯是所有具信譽的新聞組織的特徵。

十八年前在公視擔任總經理時，任內和各部門代表及策略發展部同仁字斟句酌的訂出公視第一版《節目製播準則》。當時，加拿大CBC的《新聞標準與實踐》（*Journalistic Standards and Practices*）就是我們主要參考對象之一。如今看到CBC必須為新聞陰謀論挺身辯護，心中不免感慨，更是別有會心。

台灣仍在民主的新生道路上奮勇邁進，有關政治或公共機構的陰謀論更是漫天飛舞，公視有時亦身陷其中。所謂止謗莫如自修，如何免於陰謀論的構陷，自身的端正與努力至為重要，但加拿大 CBC 的經驗顯示，欲抑制陰謀論的破壞力，民主社會裡的所有利害關係人都無法置身事外。

媒體與政治人物如果對陰謀論不僅不加查證，甚至恣意傳播，推波助瀾，則公共領域無由存在，民主根基亦有搖撼之虞！

（二〇二四年五月四日）

3.7

向政治傾斜？

美國總統選舉中的「媒體背書」

美國二〇二四年總統選舉在民主與共和兩黨激烈攻防之後，即將進行投票。一個在以往選戰中相沿成習、習以為常的傳統：「媒體背書」，於此次選舉出現戲劇性變化，並在選戰倒數計時階段成為熱門話題，頗具意義，值得後續觀察與研究。

華郵與洛時改變總統選舉背書傳統

美國發行量與影響力名列前茅的《洛杉磯時報》與《華盛頓郵報》，日前相繼宣布不會表態支持特定總統候選人。據多個媒體報導，《華盛頓郵報》自（二〇二四年）十月二十五日宣布此項政策以來，已經失去至少二十五萬個訂戶，約佔其讀者的**10%**。稍早做出宣布的《洛杉磯時報》，則已有七千名讀者取消訂閱，影響程度相對較低。

不熟悉美國媒體生態者可能會疑惑，媒體不是應該在選舉時保持中立嗎？這些知名而有品質的媒體不在選戰中表態，不是應有的作為嗎？有意思的是，《華盛頓郵報》老闆貝佐斯（Jeff Bezos）就是用這樣的角度來為自己的決定做辯護。

貝佐斯於十月二十八日晚間發布的資料中說，在美國人普遍不相信媒體的時候，為特定總統候選人背書的做法會讓讀者以為報紙存有偏見（perception of bias），而且報紙背書對讀者的投票方式幾乎沒有影響，因此結束華盛頓郵報以往對候選人背書的做法是正確（Right）且有原則的（Principled）。

貝佐斯甚至認為，不對候選人背書是重建媒體信任度的必要做法，因為根據美國蓋洛普民調結果顯示，媒體的信任度跌落谷底，只高過國會，但是最近的調查卻顯示，媒體的信任度已經低於國會。

華郵與洛時的員工、訂戶強勁反彈

根據《美聯社》（*Associated Press*）報導，《華盛頓郵報》在二〇二三年擁有超過兩百五十萬訂戶，其中大部分是數位訂閱者，其發行量僅次於《紐約時報》和《華爾街日報》，排名第三。這種大規模的退訂不僅是美國媒體史上所鮮見，也勢必讓面臨財務困境的華郵雪上加霜。

問題是這項表面看似正確的做法，為何會引起這麼大的反彈？目前華郵已有兩位專欄作家辭職，九名編輯委員會（Editorial Board）成員中的三人也辭職。《華盛頓郵報》前總編輯巴倫（Martin Baron）也直接批評此種不背書的作法是儒弱行為，讓民主成為犧牲品。

比《華郵》稍早一點表態不支持特定候選人的《洛杉磯時報》，所持理由也類似。該報老闆、華裔企業家黃馨祥（Patrick Soon-Shiong）公開表示，編委會的目標是對每位候選人競選期間的政見，未來入主白宮的政策及其影響進行事實分析。讀者可以透過這些清晰且不具黨派色彩的資訊，自行決定誰是未來四年總統的適任人選。

這種表面看似公正的說法，同樣引起《洛杉磯時報》編輯委員會主編加爾薩（Mariel Garza）的高度不滿，並憤而請辭。她在辭職信中強調：「在這個危險的時刻，保持沉默不只是冷漠，更是共犯（In these dangerous times, staying silent isn't just indifference, it is complicity.）。」

《華盛頓郵報》與《洛杉磯時報》的編輯委員會原本都已經決定表態，支持民主黨總統候選人賀錦麗。為何兩份在美國被視為優質報紙的老闆決定一反「常軌」，在選舉時保持「中立」？為何兩報的媒體工作者反而希望維護「傳統」，明確表達「政治立場」？

美國報紙背書傳統淵遠流長

回答這個問題之前，須更進一步瞭解美國選舉中的報紙背書傳統。據資料顯示，美國報紙的候選人背書做法可追溯到一八六〇年《芝加哥論壇報》（*Chicago Tribune*）對亞伯拉罕・林肯（Abraham Lincoln）的支持。這種選舉表態至少在近半個世紀以來已趨普遍，而且不只出現在總統選舉，猶包括地方選舉。所以，它的確已成為美國報業的傳統，而且是「紮根」地方的傳統。

以此次選舉決定一反往例，不表態支持特定總統候選人的《華盛頓郵報》為例，該報是在四十八年前，也就是一九七六年，開始其背書傳統，當時是表態支持民主黨總統候選人吉米・卡特（Jimmy Carter）。其後，除了一九八八年的選舉沒有表態之外，華郵在歷次總統選舉中都以社論表態支持特定候選人。

根據歷史資料顯示，二〇〇八年的美國總統選舉，發行量前一百大的報紙中，有九十份報紙背書支持特定候選人。二〇一二年的總統選舉，則有七十六份報紙採取背書做法。至於今（二〇二四）年美國總統大選，隨著投票日的臨近，雖然有愈來愈多美國各地的新聞媒體表態，不過，數量較以往選舉為少。根據保守派媒體福斯新聞統計，目前約有八十家媒體支持民主黨候選人賀錦麗，不到十家媒體支持川普。

支持賀錦麗的八十家媒體中，主要包括《紐約時報》、《波士頓環球報》、《費城詢問報》、《紐約客》、《西雅圖時報》、《丹佛郵報》、《洛杉磯哨兵報》、《聖安東尼奧快報》和《滾石》雜誌等。而川普的支持則來自《紐約郵報》、《華盛頓時報》和《拉斯維加斯評論雜誌》等保守派媒體。

據媒體統計，二〇一六年的美國總統選舉，全美有超過兩百四十家報紙支持希拉蕊・柯林頓，只有二十家報紙支持川普。至於二〇二〇年的選舉，則有十四家報紙支持川普，一百二十家報紙支持喬・拜登。無疑，截至目前為止，此次美國總統選舉的媒體背書數量確實較以往減少甚多。

報紙表態是社論背書，不是新聞背書

必須釐清的是，所謂報紙表態是在社論中表明支持的候選人，而非新聞報導上的黨派化、立場化。易言之，報紙表態是「社論背書」（Editorial Endorsements），不是以偏頗、扭曲或虛構的新聞來支持特定候選人。

無可諱言，在政治生態極化的環境下，即使是傳統質報的新聞報導也不免被批評存在黨派化傾向，但此類媒體仍盡可能守住以事實為基礎的報導準則。不客氣的說，美國傳統質報在新聞報導上的專業程度，遠非台灣多數媒體的品質所可比擬。

美國較受民眾肯定的媒體多認為，媒體不可能沒有立場，但意見與事實應明確區隔。表達意見的社論或輿論版在選舉中支持特定的候選人並不違背專業準則，甚至是對讀者負責任的做法。因為從事實出發的價值判斷可以作為大眾抉擇的參考。何況民主社會存在多元媒體，不必擔心一言堂的問題。

基於這種認知，《洛杉磯時報》編輯委員會主編加爾薩才會在辭職信中指出，社論不表態的做法「讓我們看起來膽怯和虛偽，甚至可能有點性別歧視和種族主義。我們怎麼能花八年的時間指責川普及其領導對國家造成的危險，然後卻不支持這位完全適任的民主黨挑戰者」。

新聞與社論分立的美國新聞專業主義

必須說明的是，美國報社的編輯委員會類似台灣報社的主筆室，但台灣報社的主筆室通常只負責社論或特定專欄，而美國報社的編輯委員會也負責言論版。編輯委員會與負責新聞報導的新聞室是兩個平行單位，而且誠如華盛頓郵報在相關報導中所言：「報紙通常有分開、獨立的新聞和社論寫作（Editorial Writing）部門，社論部門提供對問題的意見——包括對政治候選人的支持——而新聞室（Newsroom）則專注於事實。」

當然，這是美國新聞專業主義實踐下的模式，未必放諸四海而皆準。但也唯有瞭解他們的專業化理念及做法，才能明瞭《華盛頓郵報》及《洛杉磯時報》的媒體工作者為何會批判老闆看似「公正」的決定。在他們的眼裡，老闆違反傳統的決定必有其「背後」考量，也與新聞專業主義背道而馳。

有關兩個老闆何以會要求社論不對特定候選人表態？外界傳言紛紛。不少媒體從兩個老闆與共和黨總統候選人川普陣營的關係著手分析，包括他們與企業大亨馬斯克的淵源，但不少人更揣測，兩個老闆其實是擔心一旦表態支持民主黨候選人，設若川普當選，將可能為自己的商業利益帶來阻礙或損失。

川普在競選過程中已放話，如果他再次贏得總統寶座，將對記者和媒體進行報復。他甚至威脅將監禁那些不願透露政府洩密來源的記者，並吊銷三大電視網的廣播許可證。根據美國公共廣播電台 **NPR** 報導，《華盛頓郵報》老闆貝佐斯在他報社以外的公司如亞馬遜及藍色起源

（Blue Origin），與聯邦政府簽訂不少重大合約，涉及價值數十億美元。合約有無將影響亞馬遜的航運與雲端運算業務，以及藍色起源的航太業務。

報紙背書對於選舉的影響並無定論

不過，報紙背書對於選舉是否會有影響，存在爭論。如果對選情沒有影響，候選人其實也不必在意。一般而言，報紙會背書的候選人，通常與報社平常的言論立場相同，但實際情形並非完全如此，仍有媒體會支持與該報一般言論立場相反的候選人。學界已有不少研究試圖瞭解不同狀態下的媒體背書，究竟會對選舉結果產生何種影響。

一九六四年的美國總統選舉有相當多報紙支持民主黨候選人，學者 Robert S Erikson 針對北部兩百二十三個縣的投票結果分析發現，當地報紙對民主黨的支持使一九六〇年至一九六四年民主黨的獲勝率增加了五個百分點，顯示報紙背書對總統大選結果足以產生重要影響。

但根據 Robert E Hurd 與 Michael W Singletary 後來針對一九八〇年美國總統選舉所做的研究則認為，報紙背書似乎會影響一些選民，但效果很小，以致於不太可能影響選舉結果。他們認為，媒體背書對讀者投票的影響可能因選舉而異，與許多大眾傳播效應相同，報紙背書在有些時候、某些條件下似乎會產生一定的效果，但要確認這些條件很困難。

兩份較早期的研究結果可謂南轅北轍，不過，較近期的兩份研究則呈現類似的結論。Chun-Fang Chiang與Brian Knight以二〇〇〇年及二〇〇四年美國總統選舉的選民調查資料進行分析發現，選民在報紙背書發布後確實更有可能支持推薦的候選人，不過，影響程度取決於背書的可信度。偏左報紙對民主黨候選人背書的影響力就小於中立或偏右報紙的支持，對共和黨的支持亦復如是。

學者Agustin Casas等人就二〇〇八年及二〇一二年網路交易所Intrade的資料進行分析後，同樣確認上述媒體非預期性背書的可能影響，並且進一步發現，這種非預期性背書如果與報紙的既有言論立場比較一致，而且與以往背書的傳統愈不一致，對選民的影響力就愈大，特別是平分秋色的選舉。

儘管如此，學術研究有關媒體背書的效應，迄今依然分歧。不少研究認為，媒體背書的影響須視選民所處的外部環境而定，諸多變數都可能影響選民的投票行為，要確認哪些因素產生哪種影響確實不容易。但對於所有選舉候選人來說，任何變數都是必須考慮的變數，也都是必須盡可能控制的變數。

媒體背書議題顯露民主制度下的政媒關係

美國媒體社論背書的問題已經在此次總統選戰中發酵，《洛杉磯時報》不對候選人背書的政策公開後，川普陣營即在一份聲明中指出，連賀錦麗的加州同胞也知道她不適合這份工作。隨後，川普又在另個競選活動中宣稱，這些報紙不對候選人做背書，其實就是對他的認可，以及對賀錦麗的否定。川普此種將報紙不背書做法「武器化」（Weaponize）的做法，從某個角度來說，正印證了媒體的「不作為」其實是「另類表態」。

繼《華盛頓郵報》及《洛杉磯時報》之後，擁有第五大印刷版銷售量與第四大數位訂戶量的《今日美國報》已經在十月二十九日表示，該報及其所屬甘奈特（Gannett）報團旗下的兩百多家地方報紙都不會在此次選舉中支持特定候選人。此舉不僅壯大報紙不背書的氣勢，也可能讓報紙背書的傳統出現新的轉折。

美國二〇二四年總統大選的各項民意調查顯示，民主與共和兩黨候選人的聲勢呈現膠著，雙方陣營在搖擺州的競爭更是激烈異常，由於媒體背書仍被視為可能影響選舉結果的重要因子，主要報紙或報團的背書政策因此動見觀瞻。無論選舉結果如何？此次幾個媒體老闆決定改變多年來的背書傳統，不僅顯露媒體與政治間所存在的特殊關係，也為美國民主政治的未來發展發出警訊。

台灣媒體並無言論與新聞妥適區隔及專業自主的良好傳統，頗多報紙在選舉時的新聞報導甚至如同發表社論。相對於美國專業化程度較高的媒體，這些台灣媒體在選舉時的作法何只是社論背書而已，更像是不折不扣的新聞背書。美國媒體背書傳統的變化及爭議，對於台灣媒體來說，應該也是一面鏡子吧。

（本文原刊載於二〇二四年十一月四日《太報》）

3.8

堅持初心、相信自己
世新大學傳播學院畢業典禮致詞

「堅持初心、相信自己！」這是我送給世新大學傳播學院畢業生的祝詞。更如實的說，應該是對即將離開學習「舒適圈」的年輕朋友，預言「挑戰將至」的警語及鼓勵。

很榮幸，今天（二〇二四年六月一日）下午應邀以貴賓身分在世新大學傳播學院學生的畢業典禮上致詞。到底要在這些年輕人歡慶畢業的大典上說些什麼話呢？想了一下，與其說些祝福的話，還是描繪一些連我都不太確定的影視產業前景，倒不如提醒大家必須對未來勢將遭遇的人生挑戰，做好心理準備。

我以自己剛入職場時的兩個小故事為例，與即將畢業的年輕朋友們互勉：「堅持初心、相信自己。」因為：

——生命並不苦短，只是免不了起伏，少不了悲喜。唯有堅持初心，方能走出自己的道路，活出自己的美好。

——天生我才必有用，必須相信自己，因為每個人都有存在天地之間的獨特價值，不可取代的生命價值。

我的「逆耳之言」全文如下：

首先要向今天典禮的主角，致上恭賀，因為這是你們完成人生重要學習里程的一刻，值得好好慶祝。我也要同時致上祝福，因為你們即將展開人生的新旅程。這段旅程其實並不平坦，而且充滿挑戰，因此我今天的祝福比較像是「預知挑戰」下的加油、打氣。

在座的同學們或許會嘀咕，今天是我們重要而歡喜的日子，你這個人幹嘛要來說些「殺風景」的話？我的確也很認真的想過，真的要向一群正在歡慶畢業的年輕人說些「逆耳之言」嗎？但良藥本就苦口，真言難免逆耳，真實的話縱使不好聽，至少可以讓大家多做些心理準備。

畢業是人生的新起點，雖然有的人會繼續在學校深造，但多數人都將踏出職涯發展的第一步。所以「畢業」既是「學業」的暫告段落，又是「事業」的嶄新出發，大家雖然「畢」

了一個業，卻又要立即「開」一個業。坦白說，畢業或許容易，開業絕不含糊。

我要先講自己的兩個故事，作為印證。

我的第一份全職工作是在一家報社擔任記者，當時仍在研究所唸書，算是半工半讀。由於大學是唸地理系，沒有修過任何一門與新聞有關的課程，也沒有寫過任何一篇新聞稿，所以好聽點說，自己是在做中學，實際上是天天接受磨練，時時面對挑戰。

我的主管幾乎天天罵我，自己雖然盡力而為，但似乎都得不到肯定。有一次，這位主管甚至當眾叫我的名字，然後口中叱喝一聲：寫的什麼稿子？就隨手把我的稿子丟過來，結果很準的就丟在我的桌子上。我的桌子離他有幾公尺遠，說實在的，很佩服他丟東西的準頭，不過，面對大家看我的異樣眼光，真的有些難為情。

不知道大家碰到這種「度日如年」的情形會怎麼辦？憤而離職？還是承認失敗？但我告訴自己，所寫的新聞稿雖然有待改進，但應該沒有那麼差，我不能輕易就被擊倒。結果一個多月之後，報社決定將我調任到自己最有興趣的政治組跑新聞。一位同事私下告訴我，「你翻身了！」

這是第一個要向大家說的小故事。第二個故事發生在調到政治組採訪新聞之後的初期。

某天，有位記者同業招呼大家一起到某個正在舉辦年會的同業公會去採訪，我這個「狀況外」的新兵因為沒有拜訪過這個組織，覺得是建立人脈的好機會，所以也跟著前往。沒想到報到的時候，我們每個人都拿到一個袋子，裡面有新聞稿、資料，還有幾千塊錢。

第一次碰到這樣的事情，有點不知所措。雖然大家都若無其事，視為自然，但我很清楚，這是不對的。記者不是拿錢辦事的公關人員，也不是誰給好處就幫誰擦脂抹粉的化妝師。因此，我在離開會場的時候退還了那筆錢，雖然沒有張揚，還是顯得尷尬。

這兩個故事發生的時間，距離今天已經有四十年以上了，比起職業生涯中後來遇到的許多挫折及挑戰，這兩種情況根本是小巫見大巫。我曾經在採訪時遇到生死關頭、曾經被幾個幫派首腦恐嚇、也曾經面對政治力量的抹黑、攻訐，……。但這就是真實的傳播工作，也是真正的人生旅程。

我的人生旅程當然不會只有挫折與挑戰，有時因為工作成果有些突破，對社會發展帶來若干正面助力，我也會得到一些掌聲與榮耀。我也相信大家在未來的人生旅程中，一定會享有很多歡樂及喜悅。不過，必須很誠懇地告訴大家，每個掌聲與榮耀的背後，往往有著刻骨銘心的掙扎與奮鬥，而我之所以能夠持續奮勇前行，關鍵在於「堅持初心、相信自己」。

人生旅程中，隨時都有暫時的終點與嶄新的起點。從某個角度來說，畢業典禮之後，所有的畢業生將立足於相同的起跑點，不論你畢業於哪個學校，也不論你在校成績的好壞，在事業的起跑點上，大家重新歸零、重新開始。

我曾經在世新大學兼過課，知道世新大學的學生各具特色、潛能無限，同樣的，其他學校的畢業生也都有能力與機會開創璀璨的未來。因為我始終相信：只要是人，就是才，沒有人不是人才，問題在於有沒有找到自己的興趣及特質，也就是自己的才，並且好好的去加以雕琢。所以古人說：天生我才必有用，用我的話來說，就是相信自己，因為每個人都有存在天地之間的獨特價值，不可取代的生命價值。

保持初心，被不少人用來作為勉勵的話。在我的經驗裡，保持初心，或許還不足夠，必須堅持初心。畢竟人生挑戰重重，隨時都可能碰到挫折、遇到打擊，若不能堅持初心，很容易就放棄目標、妥協理想。生命並不苦短，只是免不了起伏，少不了悲喜，唯有堅持初心，方能走出自己的道路，活出自己的美好。

帶領國家在二次大戰中贏得堅苦勝利的知名已故英國首相邱吉爾退休之後，曾經應邀在牛津大學的畢業典禮上致詞，結果在眾人的目光下，他只重覆講了二次：Never, Never, Never Give Up! 永不放棄！這大概是全世界最簡短的畢業演講詞了。我不敢這麼做，怕大家笑我輕視畢業典禮，什麼都沒準備。但我在今天想要跟大家說的，也真的只有八個字：堅持初心、相信自己！

祝福大家！

（二〇二四年六月一日）

輯 4

數位轉型

4.1 別再叫我公共電視！

公廣集團全面加速數位轉型

對於所有電視產業而言，數位轉型都已經是進行式，問題在於轉型的速度是否足夠？或者轉型是否走對了的路？公廣集團由於轉型引擎處於低速或怠速狀態，因此路走得對不對尚未構成問題，重要的是，引擎轉速必須加快，畢竟「觀眾在哪裡，我們就必須在那裡」！此為以公共服務為宗旨的公共媒體所須遵循的普及性（Universality）原則。

二〇二二年五月，公視第七屆董事會組成之後，即將「因應數位挑戰，開展多平台公共服務」，列為首項使命，並於三年目標中宣示：「加速數位轉型，公視＋成為國人最常使用的本土OTT影音平台。」「完成階段性組織再造，強化經營效能及數位管理機制。」二〇二三年公視法修訂，亦將「善用數位科技」明定於總則第一條，藉以因應數位時代公共服務的需求。此項修法精神與董事會訂定的經營方針相互吻合，亦為公視的數位轉型強化了法律基礎。

第七屆公視董事會不僅藉由通過新的使命宣言及經營方針，為公廣集團的數位轉型添加柴火，並決議從歷年累積盈餘中提撥一億五千萬元，投入公視自行建置的OTT平台「公視+」的發展及其他數位服務。經管團隊依據董事會的決議，陸續規劃與推動轉型方案，三年來，不僅大部分的節目都已經同步或先行於網路播出，「公視+」的瀏覽次數與時數亦大幅提升，相當程度實現數位優先的營運目標。

誠如美國非營利公共媒體組織PMVG（Public Media Venture Group）執行長漢德（Marc Hand）所言：「我們必須到觀眾所在之處與他們見面。」台灣公廣集團必須全面加速數位轉型，因為「今天不做，明天就會後悔；今天快做，明天就有成果」。若能抱持此一精神，公廣集團有機會成為台灣電視產業數位轉型的典範，並對全球正在轉型的公共媒體產生具參考價值的貢獻。

以下採問答體例，進一步說明公視推動數位轉型的背後思考與具體做法。

問：公共電視為何要加速數位轉型？

答：電視頻道式微已是明顯趨勢，相關調查皆顯示，愈來愈多的閱聽眾係透過網路或行動裝置收看電視業者製作的內容，公視亦然。公視資源有限，除了要以更精準的預算產製國民有感、國際共感的影視內容之外，猶需要為台灣公共媒體的長遠發展奠定根基，而數位轉型正是其中要項之一。全球公共廣電多已經是提供各類型數位服務的公共媒體，台灣的公共電視當然也應該提供全媒體、全平台的服務。公共電視不能再叫電視了，它是公共媒體。

問：如何看待組織文化在數位轉型過程中的作用？

答：組織文化乃成功推動組織變革的關鍵因素，如果公廣集團內部成員不能從心裡認同轉型的必要性與重要性，數位轉型的成效勢將大打折扣。經管團隊重視此事，希望透過廣泛的教育訓練來培育「向數位轉」的組織文化。公視總經理徐秋華並特別設立內部的網路教育平台PTS School，希望讓同仁可以更方便、更全面的理解數位轉型的意涵與目標，並且尋求自我成長。

數位轉型是「數位優先」（Digital First），也必須是「員工為本」（People First），因此，公廣集團不為轉型而轉型，而是全員參與的轉型。不論職務高低，希望所有同仁都能思考：「如果沒有電視頻道，我該怎麼辦？」換言之，希望大家都能換個腦袋思考，捨棄傳統的「電視中心」思維。公廣集團同仁都有相當的能力與潛力，過去有不少輝煌的紀錄，未來又何嘗不能再造新頁？關鍵在於如何讓更多的同仁與時俱進，產生數位轉型的光榮感，願意自我突破，為自己的生命留下動人篇章，為台灣的公共媒體開闢嶄新里程。

問：數位轉型之後的公廣集團會有何種新樣貌？

答：雖然數位未來並非現在可以完全掌握，但很顯然，未來的公廣集團，特別是公視部分所製作的節目內容將優先或同步於網路播出。此外，在數位平台已經成為一般民眾觀賞節目或取得資訊的重要管道時，公視於二〇一六年設置的 OTT 平台「公視＋」，也將致力成為國人最常使用的 OTT 平台。

許多人對於台灣本土 OTT 平台發展的可行性抱持懷疑，此種疑慮確有事實依據及道理。但是，OTT 平台是一個廣泛的說法，我們不必把所有的 OTT 平台都想像成 Netflix 或 YouTube 類型。在台灣特殊脈絡之下，平台發展必須找出自己的道路，亦即要有自己的特色。何況，在評估數位平台的課題時，仍須考慮文化主體性的保障及公共服務需求的滿足。

二〇二三年四月改版後的「公視＋」平台擁有更鮮明的特色內容與運作方式，除了公廣集團自製的內容之外，亦結合其他影視產業與相關機構的成果，並鼓勵公眾的參與。它不會如同其他商業平台只側重戲劇、綜藝性質的內容，而是會有自己的利基內容，並具有公共服務精神，可以作為未來 OTT 國家隊的重要基礎。

問：公廣集團如何看待 AI 轉型？

答：不可諱言，AI 科技的發展，特別是二〇二二年底生成式 AI 工具 ChatGPT 的崛起，已使 AI 轉型（AI Transformation）成為數位轉型的重要環節，甚至是顛覆性的環節。據歐洲廣電聯盟（EBU）的調查，許多公共媒體都成立了多學科領域的 AI 小組，並常常直接向執行長或董事會匯報。瑞典的公共廣播電台 SR 與德國巴伐利亞公共電視 BR 等公共媒體，尚任命了人工智慧長（Chief AI Officer）來推動與監督 AI 科技的應用。

台灣公廣集團同樣對 AI 科技抱持積極而嚴謹的推動態度，目前集團成員皆認真評估或導入 AI 科技的應用，公視亦於二〇二三年成立 AI 應用工作小組，進行內部意見交流，並凝聚跨部門的力量。就 AI 轉型的大方向來說，公廣集團希望建構有效的 AI 治理，在 AI 倫理的指引下積極推動 AI 轉型，扮演我國傳播產業 AI 應用的火車頭角色。

4.2 興奮之外，更須警惕！

媒體業急需制訂 AI 倫理規約

AI 是台灣現在最夯的話題之一，從股民、企業主到官員無不念茲在茲，當然也是媒體最愛的報導與議論對象。AI 科技確已衝擊百業，新聞業亦不例外，不僅處於震波範圍之內，甚至位居震央。但 AI 展現爆發趨勢的此刻，新聞業建立 AI 倫理的速度卻遠落於後，令人擔憂。

例證之一，根據世界新聞出版協會（WAN-IFRA）二〇二三年發布的調查顯示，超過 75% 的新聞發行人及高階主管表示，AI 對未來三年的業務成功扮演至關緊要的角色（註一）。該組織於二〇二三年四月底至五月初所進行的一項全球性調查亦顯示，已經有半數左右的新聞媒體使用生成式人工智慧工具，如 ChatGPT（註二）。

這項與 SCHICKLER Consulting 合作進行的調查同時發現，整體而言，業界對生成式人工智慧（Generative AI, GenAI）的態度非常積極。七成受訪者希望生成式 AI 工具對他們有所幫助，僅 2% 的人認為短期內沒有價值，10% 的人不確定，另外有 18% 的人認為該技術還需要進一步發展才能真正發揮作用。

OpenAI 的生成式 AI 工具 ChatGPT 在二〇二二年底崛起之後，AI 或生成式 AI 被越來越多的新聞業者視為改變遊戲規則的科技（Game-Changing Technology）。例如從二〇一四年即開始運用 AI 逐步自動化報導企業收益報告、體育賽事回顧的美聯社，二〇二三年七月即與 OpenAI 簽訂協議，將部分新聞報導檔案授權給它，藉以探索生成式 AI 在新聞中的可能應用（註三）。

同樣已積極運用 AI 技術的美國華盛頓郵報（The Washington Post），亦於二〇二三年五月宣布成立由關鍵部門高階主管組成的 AI 任務組（AI Taskforce），以及跨部門實際運作人員所組成的 AI 中心（AI Hub），分別負責策略方向與探索實驗工作，積極開發 AI 的運用潛能（註四）。

但上述世界新聞出版協會的調查同時發現，只有兩成左右新聞媒體對於如何使用生成式 AI 制定了指導準則。另一項由庫爾斯（Hannes Cools）與迪亞科普洛斯（Nick Diakopoulos）兩位學者所進行的全球調查，亦只蒐集到二十一個發布生成式 AI 指引的媒體組織樣本，且大部分在歐洲及美國（註五）。兩份調查具體顯示，AI，特別是生成式 AI 雖然「勢不可擋」，但是新聞業所須要的 AI 素養卻尚未準備妥當。

全世界如何報導 AI 新聞？

另一個例證是新聞媒體如何報導 AI。

牛津大學路透新聞研究中心（Reuters Institute for the Study of Journalism）較早一份針對英國六家主流媒體的研究發現，這些媒體在二〇一八年前八個月對 AI 的報導或評論主要以 AI 的產品、公告和研究為主（近 60%）。相關文章經常放大對 AI 價值與潛力的自利主張，同時將 AI 主要定位為私人商業問題，削弱公共行動在解決 AI 問題上的角色（註六）。

該研究同時發現，媒體的報導或評論很少質疑包含 AI 的技術是否為此類問題的最佳解決方案，也很少承認有關 AI 潛在影響的持續爭論。此外，約三分之一報導源自產業端，消息來源主要是執行長或其他高階管理人員，且數量約為政府來源的六倍，學術界來源的兩倍。

無獨有偶，另一個跨國團隊 Shaping AI 針對二〇一二年至二〇二一年間，加拿大主流報紙有關 AI 報導所進行的研究亦發現，科技記者傾向於反覆採訪相同的支持 AI 的專家，尤其是電腦科學家，批評聲音很少能進入主流報導。新聞媒體往往頌揚 AI 的未來能力，低估其背後的權力動態，深切反映了企業和政府對於 AI 的觀點及利益（註七）。

台灣媒體對AI的新聞報導會是如何？目前猶缺乏研究得以窺其樣貌。但依據個人平常觀察，似乎與國外研究呈現相同趨勢，包括少數人在AI相關報導中擁有高聲量，例如特斯拉、推特及SpaceX等公司執行長馬斯克（Elon Musk）有關AI的言論或作為，便特別受到媒體青睞。

誠如Shaping AI研究團隊所強調，對AI進行反思與批判並不意味要反對AI的開發和部署。相反的，乃是要鼓勵新聞媒體及其閱聽眾探討讓AI成為可能的文化、政治及社會動力，並研究科技對社會所可能帶來的廣泛影響（註八）。就此而言，深受AI衝擊且攸關人類民主運作品質的新聞業，一方面固然要思考AI的潛能並加以運用，另方面更必須謹守倫理，使其發揮科技的正面功能，此即全球所倡議的可信賴AI（Trustworthy AI）、負責任AI（Responsible AI）。

對AI抱持嚴謹態度，並訂定編輯準則

國外已有不少媒體針對如何使用AI訂定準則，並向社會公告以示負責，其中頗多屬於公共媒體。例如英國公視BBC早於二〇一九年即制定「機器學習引擎原則」（Machine Learning

Engine Principles），針對 AI 的整體運用提出若干指導性的基本原則（註九）。隔年，BBC 進一步制訂供機器學習團隊（工程師、資料科學家、產品經理等）使用的自我審核清單，讓 AI 操作的規範框架更臻完備。

BBC 的「機器學習引擎原則」框架係由 BBC 的科技策略部（Technology Strategy）與研究發展部（Research & Development）共同推動，他們強調該框架是一個不斷發展的工具包，希望立足於公共服務的價值，具實用性，並有助於負責任與可信賴 AI 的發展。以下為 BBC「機器學習引擎原則」目前所臚列的六項指導原則：

- 體現 BBC 的信任、多樣性、品質、物有所值及創造力的價值觀。
- 代表閱聽眾保有他們創建的資料，並使用它來改進閱聽眾對 BBC 的體驗。
- 向閱聽眾清楚解釋收集哪些資料以及如何使用這些資料。
- 進行定期審查，確保資料得到安全處理，而且演算法能平等、公平的為閱聽眾服務。
- 當機器學習引擎呈現內容時，結果須符合 BBC 的編輯價值觀，並能拓展而非縮小閱聽眾視野。
- 持續創新，並由人負責內容編輯與監督。

BBC之外，加拿大公視CBC亦於今年六月向新聞工作者提供如何在新聞報導中使用AI的初步指引（註十）。CBC總編輯芬隆（Brodie Fenlon）強調，這份指引最重要的底線是：閱聽眾永遠不必懷疑CBC的新聞報導、照片、音檔或影片是真實的或AI生成的。指引中並提出一些對新聞工作的具體要求，例如：

- 如果沒有人的直接參與和監督，CBC的任何新聞都不會出版或廣播。
- 我們絕不會傳播未經CBC新聞人員審查或擔保的廣電或網路內容。
- 我們注意到深偽（Deep-Faked）影音和文字內容顯著增加，需要新聞業提升懷疑精神及查證水準。
- 在未完全揭露的情況下，我們不會使用或向閱聽眾展示AI生成的內容。不用驚訝：閱聽眾在收聽、觀看或閱讀任何AI生成內容之前都會被告知。
- 未經新聞標準辦公室的事先同意，我們不會在調查報導中使用AI驅動的識別工具（即臉部識別、聲音配對）。
- 我們的新聞工作永遠不會單純依賴AI生成的研究，我們總是使用多個來源來確認事實。
- 我們不會使用AI來重新創建任何CBC記者或知名人士的聲音或畫像，除非是為了說明該科技的運作原理，而且只有在特殊情況、獲得標準辦公室事先批准，以及被創建者同意下才會使用。

- 在沒有充分揭露且經過標準辦公室事先同意的情況下，我們不會使用 AI 為閱聽眾生成文本或圖像。
- 我們不會使用 AI 來為我們試圖保護其身份的機密消息來源生成聲音或新的畫像。相反，我們將持續閱聽眾熟知的做法，例如語音調整、圖像模糊和剪影。在所有情況下，我們都會向閱聽眾透明、清楚地說明我們如何更改原始內容。
- 我們不會以任何理由將保密或未發布的內容輸入生成式 AI 工具。

公共媒體之外，包括英國衛報（The Guardian）、路透社（Reuters）等媒體組織也都由總編輯以公開信方式，於二〇二三年五、六月間向員工宣示了使用生成式 AI 的必要遵循原則，以及若干具體要求。例如以考量讀者利益為原則，衛報指出，「如果我們希望在作品中包含 AI 生成的重要元素，只有在明確證據顯示具特定益處、人工監督以及資深編輯的明確許可下，我們才會這樣做。當我們這樣做時，我們將向讀者公開」（註十二）。路透社則強調，該組織「記者與編輯將全面參與並負責許可我們可能依賴 AI 所製作的任何內容。路透社的報導就是路透社的報導，無論是誰製作的或如何生成的，我們的編輯倫理與標準都適用」（註十二）。

無論是BBC所採取的全方位AI使用準則，或是CBC、衛報與路透社純就新聞操作所制訂的指引，基本上對於創新科技皆抱持嚴謹態度，主要原因自與媒體在資訊生態中所扮演的角色有關。畢竟AI已被公認為製造與傳播惡質訊息的利器，設若媒體不能妥適把關，非但惡質訊息的傳播力為之加大，亦將加深民眾對媒體可信度的疑慮，而公眾一旦失去可信訊息來源，民主政治豈不搖搖欲墜？

聯合國的建議書與歐盟的準則

其實，科技業界對AI發展所可能產生的負面作用已有警覺，並在多年前即推動行業倫理的訂定，但外界質疑業界開發優先、自律不足的聲音不絕如縷。至於政府方面，以歐盟為例，早在積極制訂人工智慧法案之前（註：該法已於二〇二四年八月生效），即於二〇一九年四月由其人工智慧高階專家組完成《可信賴人工智慧倫理準則》（Ethics Guidelines for Trustworthy AI），強調值得信賴的人工智慧應包含三項構成要素（Components）：（一）合法——遵守所有適用的法律與規章，（二）倫理——尊重倫理原則與價值觀，（三）強固——包括科技視角與社會環境[註十三]。

三項構成要素之下，該準則並提出七項關鍵要求（Requirements），分別是人類能動與監控（Human Agency and Oversight）、技術強固與安全（Technical Robustness and Safety）、隱私與資料治理（Privacy and Data Governance）、透明（Transparency）、多樣性、無歧視與公正（Diversity, Non-Discrimination and Fairness）、社會與環境福祉（Societal and Environmental Well-Being），以及問責（Accountability）等。

聯合國教科文組織（UNESCO）亦於二〇二一年十一月召開的大會中，通過《人工智慧倫理問題建議書》（*The Recommendation on The Ethics of Artificial Intelligence*）。此一首份全球協議提及若干特別關注的AI倫理影響領域，其中即包括傳播與資訊。因為AI技術在處理、組織和提供資訊方面的作用日益重要，並已引發與不實資訊、仇恨言論、歧視、表達自由、隱私、媒體與資訊素養等有關的問題[註十四]。

該建議書提出保護人權、基本自由及人的尊嚴，環境與生態系統蓬勃發展，確保多樣性與包容性，以及生活在和平、公正與互連的社會等價值，並以上述價值為基礎，進一步提出相稱性與不傷害（Proportionality and Do No Harm）、安全與安保（Safety and Security）、公平與非歧視（Fairness and Non-Discrimination）、永續性（Sustainability）、隱私權與資料保護（Right to Privacy, and Data Protection）、人的監督與決定（Human Oversight and Determination）、透明度與可解釋性（Transparency and Explainability）、責任與問責（Responsibility and Accountability）、覺知與素養（Awareness and Literacy），以及多方利益關係人與調適性治理（Multi-Stakeholder and Adaptive Governance and Collaboration）等原則。

聯合國的建議書與歐盟的準則雖以AI的整體運用為其涵蓋面，兩者之間亦存在高度相似性，惟就傳播領域而言，其價值與原則仍係相通的，值得媒體界仔細推敲及參考。事實上，有鑒於媒體產業在AI運用上對資訊健全所可能構成的重大威脅，側重新聞倫理與資訊權的無國界記者組織（RSF），已於二〇二三年七月宣布成立一個國際委員會來推動制定媒體使用AI的章程。該委員會與多個媒體組織合作，由諾貝爾和平獎得主雷莎（Maria Ressa）擔任主席，希望為資訊專業人員制定有關使用AI系統的原則、權利和義務，並預計在二〇二三年底前提交工作成果〔註：RSF與十六個合作組織已於二〇二三年十一月發布《人工智慧與新聞業巴黎憲章》（*Paris Charter on AI and Journalism*）[註十五]〕。

台灣媒體不該只見科技熱，未聞倫理聲

我國政府正研擬人工智慧基本法當中（註：已於二〇二四年七月公告草案），在立法規範之前，亦於二〇二三年七月先行推出「行政院及所屬機關（構）使用生成式AI參考指引」草案（註十六），並廣泛徵詢各界人士意見之中。希望該項指引公布施行後可以先對公務機關使用生成式AI有所規範，甚至對民間產生示範作用，避免AI遭到廣泛濫用。令人擔憂的是，台灣媒體界似乎只見科技熱，未聞倫理聲，對於AI所可能帶來的負面衝擊缺乏足夠警覺。國外尚有兩成媒體制定AI使用指引，台灣的媒體呢？

英國金融時報總編輯哈拉夫（Roula Khalaf）於二〇二三年五月就該報使用生成式AI的立場向讀者發表公開信（註十七），承認生成式AI是網際網路出現以來最重要的新科技，正以驚人速度發展，而且對記者與編輯的日常工作方式具有明顯且深遠的影響。儘管該報會擁抱AI科技來為讀者與客戶服務，但「興奮的同時必須警惕不實訊息與歪曲事實的風險」，新的AI時代，該報有更大的責任來保持透明、報導事實與追求真相，該報的新聞「將繼續由各領域最優秀的人來報導、撰寫及編輯」。

AI可以幫助新聞工作者搜尋與發現故事、分析與消化材料、加速與精準傳播；可以協助新聞業提高生產力，讓新聞工作者有更多時間專注於採訪與報導原創內容，但也可以被用來簡化查證、複製偏見、扭曲事實，以及貶低勞動價值、壓抑人的尊嚴。台灣媒體對於AI不能只有興奮，更應保有深深的警惕！

（本文原刊載於二〇二三年八月十七日「獨立評論@天下」）

附註

註一　世界新聞出版協會二〇二二年的調查可見https://wan-ifra.org/2022/02/new-wan-ifra-report-reveals-how-publishers-are-banking-on-ai-to-drive-their-business/

註二　世界新聞出版協會二〇二三年的調查可見https://wan-ifra.org/2023/05/new-genai-survey/

註三　美聯社與OpenAI的鞋亦可參https://apnews.com/article/openai-chatgpt-associated-press-ap-f86f84c5bcc2f3b98074b38521f5f75a

註四　華盛頓郵報的AI創新作業可見https://www.washingtonpost.com/pr/2023/05/24/announcement-publisher-ceo-fred-ryan-posts-next-steps-ai-innovation/

註五　Hannes Cool與Nick Diakopoulos兩位學者的全球調查可見https://www.niemanlab.org/2023/07/writing-guidelines-for-the-role-of-ai-in-your-newsroom-here-are-some-er-guidelines-for-that/

註六　路透新聞研究中心的調查可見https://reutersinstitute.politics.ox.ac.uk/our-research/industry-led-debate-howuk-media-cover-artificial-intelligence

註七　Shaping AI的研究可見 https://espace.inrs.ca/id/eprint/13149/1/report_ShapingAI_verJ.pdf

註八　Shaping AI的觀點可見 https://theconversation.com/news-coverage-of-artificial-intelligence-reflects-business-and-government-hype-not-critical-voices-203633

註九　英國BBC的「機器學習引擎原則」可見 https://downloads.bbc.co.uk/rd/pubs/MLEP_Doc_2.1.pdf

註十　加拿大CBC關於新聞的AI指引可見 https://www.cbc.ca/news/editorsblog/cbc-twitter-news-1.6873270

註十一　英國衛報對生成式AI所制定的一般原則可見 https://www.theguardian.com/help/insideguardian/2023/jun/16/the-guardians-approach-to-generative-ai

註十二　路透社初定的AI指引可見 https://talkingbiznews.com/media-news/what-reuters-is-telling-its-journalists-about-using-artificial-intelligence/

註十三　歐盟制定的《可信賴人工智慧倫理準則》可見 https://digital-strategy.ec.europa.eu/en/library/ethics-guidelines-trustworthy-ai

註十四　聯合國教科文組織通過的《人工智慧倫理問題建議書》可見 https://www.unesco.org/en/artificial-intelligence/recommendation-ethics

註十五　《人工智慧與新聞業巴黎憲章》可見 https://rsf.org/en/rsf-and-16-partners-unveil-paris-charter-ai-and-journalism

註十六 「行政院及所屬機關（構）使用生成式 AI 參考指引」草案可見 https://join.gov.tw/policies/detail/9f21a1e6-edd0-45e9-8ad6-b92354abb1fa

註十七 英國金融時報總編輯哈拉夫（Roula Khalaf）的公開信可見 https://www.ft.com/content/18337836-7c5f-42bd-a57a-24cdbd06ec51

倡導負責任、可信賴的AI

公視基金會公布AI使用準則

作為公共媒體，當然要在AI倫理上率先自我要求才對。今天（二〇二三年九月一日）是記者節，公廣集團向社會公布了AI的發展策略及使用準則。後者除了規範自我，也盼提供媒體產業參考，共同推動負責任、可信賴的AI，而非製造媒體生態中的另個亂源。

這份準則是同仁討論的產物，我也盡點心力。由於AI是發展中的新科技，未來走向及運用難以在目前完全掌握，這份準則也勢必要做動態因應及調整。無論如何，AI的使用須以公共價值及公共利益為核心，人的監督是現階段必須嚴格遵循的基本原則。

以下是公視基金會制訂的準則內容，提供有興趣的朋友參考。

公視基金會AI使用準則

前言

AI科技進展快速，傳播媒體的應用日趨廣泛與頻密，有鑒於AI科技的誤用可能對公眾與社會造成負面影響，並攸關民主運作的品質，公視基金會特制定AI使用準則，以為各單位同仁運用AI技術與工具之準繩，進而有助於負責任（Responsible）及可信賴（Trustworthy）AI在傳播領域的發展。

基本原則

傳播產業使用AI科技的根本目的在於提升傳播品質，健全資訊生態，讓媒體更有效地達成告知、教育與娛樂等功能。因此，必須尊重以下基本原則，以確保AI科技能以可信賴、負責任的方式開發及使用。

- **尊重人的自主：**人與AI科技互動時，必須能夠保有充分而有意義的自主空間，意味人與AI之間的功能分配應遵循以人為本的設計原則，並確保人在整個工作流程中的決策與監督地位。

- **避免造成傷害**：AI的運用不應對人與環境產生不利影響，因此操作必須安全可靠，技術必須強固穩健，並確保不被惡意使用。此外，弱勢群體應得到更多關注並參與AI的開發與使用。
- **公正與共好**：AI的運用必須實質上確保利益的公正分配，讓個人及群體免於偏見、歧視和污名化，有助於共好社會的推進；程序上能夠對AI系統和操作者的決策提出質疑並尋求有效的補救。
- **透明與問責**：AI作業流程必須盡可能透明，並建立機制來確保AI系統及其結果的責任。對於受到AI運用直接及間接影響的人，使用AI科技所得出的成果及其決策應盡可能是可解釋的，並確保提供足夠且易於取得的補救措施。
- **體現公共價值**：使用AI的過程及結果應體現公共媒體所服膺的正確、多元、品質、創新等公共服務價值，尊重基本人權與人的尊嚴，因而能夠賦予信賴。

操作指引

一、不播出未經審核或確認過的AI協助生成的新聞報導與節目內容。

二、播出AI協助生成的新聞報導與節目內容時，必須向閱聽眾做適當的揭露或說明。

三、新聞報導採用臉部或聲音辨識工具，須依《公視基金會節目製播準則》所定的提報與諮詢程序，取得主管同意。

四、節目製作與新聞報導應確保事實和避免偏見，採取多方資訊來源，絕不僅是依賴 AI 訊息。

五、使用 AI 工具時應注意資料庫的完整性，以免因資料來源的缺陷形成認知偏差或複製偏見。

六、利用 AI 生成圖像時應特別注意是否侵害他人肖像權。在沒有充分揭露且依《公視基金會節目製播準則》所定的提報與諮詢程序，取得主管同意的情況下，不使用 AI 為閱聽眾生成文本或圖像。

七、除非情況特殊、被創建者同意，並依《公視基金會節目製播準則》所定提報與諮詢程序取得主管同意，不能使用 AI 來重新創建任何新聞記者、主播、主持人或知名人士的聲音或圖像。

八、使用 AI 時應充分尊重隱私與資料保護，建立及確保適當的資料治理機制，既考量資料的品質和完整性，並保障資料近用的合法性。

九、使用 AI 應遵守法律規章，包括但不限於資料保護、隱私、著作權、倫理等法規。

十、公視基金會所有人員不能以任何理由將保密或未發布的內容輸入生成式 AI 工具。

十一、公視基金會電子郵件、憑證或電話號碼，不能用於創建AI技術帳號。

十二、公視基金會保管人應確保登錄帳號，確保AI帳戶不被盜用。用於AI的所有第三方工具和技術，應設置多重身分驗證，防範駭客入侵。

十三、公視基金會主管有責任確保團隊瞭解和遵守AI使用準則，必要時，須向公視資訊部通報說明。

十四、公視資訊部負責協商、批准、記錄AI工具（系統）清單，確保授權工具及所需培養的應用或技術能力。

十五、AI系統需具韌性及安全性，確保出問題時有備援計劃，並且準確、可靠及可重複，以減少和預防意外傷害。

（二〇二三年九月一日）

4.4

數位科技結合人性關懷的里程碑

公視與工研院共同推動「AI手語　幸福台灣」計劃

科技可為善，也可為惡。將AI科技用在手語服務，是AI為善的一個例證，也是公視存在價值的最新註腳。

公視與工研院於二〇二四年十二月九日下午以記者會方式，正式對外發布籌備多時的「AI手語　幸福台灣」計劃，宣示合作推動臺灣手語資料庫建置，並開展相關AI應用。這項計劃的第一個服務產品，將是「AI虛擬手語氣象主播」。

近年來，台灣已經有少數為聽障者服務的AI計劃，對於聽障者來說，任一計劃能夠實現或是不斷推進，都是好事。可惜，或許囿於經費限制，或因計劃屬於實驗性質，這些AI計劃尚無法發展為具服務規模的機制。

國外有關聽障者的 AI 服務，截至目前為止，不少計劃都是源自大科技公司，或是具公共性質的機構。例如 Google 已經在發展手語辨識的 AI 系統，希望有朝一日手語能夠成為使用 Google 產品時的通用語言選項。

為聽障者服務的計劃，由於市場較小，不易獲取商業利益的回饋，但 AI 科技不只讓相關服務有了更有效的實現方式，也同時意謂著「商機」。有些運用 AI 技術的應用程式已經開發出來，譬如二〇二三年底上架的一個應用程式，可以做手語與英語間的翻譯，約可識別超過兩千六百個手語和二十六個英文字母。惟迄今下載次數僅破千次，似乎顯示功能尚屬有限。

成立於二〇二二年的 Signapse 公司是一個有意思的案例。Signapse 是一個 AI 驅動的手語翻譯平台，其特色在於利用 AI 驅動的視訊生成技術，創建一個與人類手語翻譯員幾乎沒有區別的數位手語翻譯員，希望藉此提供沉浸的、無縫的手語體驗，並保留聾人社群的細微差異和文化豐富性。

Signapse 的執行長也是共同創辦人 Sally Chalk，原本就成立一家手語翻譯公司。基於增強聾人社群語言及文化認可的信念，以及尋求對聽障者具影響力解決方案的熱情，Sally 因而聯合 Ben Saunders、Richard Bowden 兩位 AI 及語言專家，共同創立了 Signapse。

Ben Saunders 與 Richard Bowden 都在英國薩里大學（University of Surrey）服務，分別擔任其視覺、語音與訊號處理中心（CVSSP）的研究員及教授。透過學術與實務的結合，Signapse 的成立可以說受益於豐富的研究專業知識和學術支援生態系統。

但即使有學術界的支持，Signapse 希望擴展到全球視訊翻譯市場的願景，仍有很大挑戰，主因之一就在於全球並無統一的手語。儘管技術可以相互取經，但適用於英國的手語資料庫並無法移植到其他國家，而建立資料庫是一個費時、耗力的過程，開創「跨國商機」並不容易。

為聽障者打破視聽障礙，增進生活品質，是以公共服務為宗旨的公視持續努力的目標。因此，公視長期製作身障相關節目《聽聽看》與《手語新聞》。如今，既然 AI 技術已將服務的可能大為開拓，公視自然責無旁貸，應該積極運用新科技，促進聽障族群的無障礙生活體驗及社會參與。

二〇〇〇至二〇〇七年間，我曾分別在台視與公視擔任總經理，當時正值數位電視的轉換期。離開公視之後到中正大學服務，曾參與一位政治大學研究生的碩士論文口試。這位研究生的父母都是聽障，他的研究題目正是數位電視關於聽障族群的服務，猶記得當時讀完她的論文，心裡有著深深的愧疚感，因為台灣數位電視的發展都未能考慮到聽障者的需求，將這項科技變遷的潛能嘉惠到他們身上。

如今，自己再度回到公廣集團服務，又正值 AI 科技的創新應用期，同仁能夠結合工研院將這項新科技的正面潛能予以開發，服務弱勢族群，心中真是有著無比的振奮。為了這項計劃，主責同仁甚至放棄擔任一個重要職務的機會，內心更是感動。

我國公視曾向日本公視 NHK 的 AI 手語計劃取經，但最後仍決定攜手工研院，創建自己的手語資料庫，除了技術發展及未來應用的考量，手語的獨特性即為原因之一。此項計劃能夠結合工研院先進的 AI 技術和公廣集團豐富的媒體資源，實在難得。

目前合作雙方已經開始累積每日手語新聞所產出的辭庫與資訊，一步步建立台灣第一個氣象手語資料庫，並開發出能將氣象資訊即時轉換為手語的 AI 虛擬主播。如果一切順利，這項計劃最快將可在二〇二五年下半年正式登上電視頻道。未來也期待 AI 手語能應用在防災、救難等公共傳播領域。

許多人或許還不理解公廣集團為何要推動 AI 創新，甚至成立新創公司來導入 AI 應用，這項結合數位科技與人性關懷的里程碑計劃，可以說是最佳的回應。AI 與媒體產業已是不可分割的關係，作為臺灣公共媒體的代表，我們將義無反顧，大力邁向 AI 轉型，並運用這項科技協助台灣成為更加資訊平權的社會。

誠摯感謝工研院的鼎力相助，以及所有關心這項計劃的朋友們。衷心期盼經由大家的攜手努力，可以打造一個更包容、更友善的台灣，讓每一個人都能在這塊土地上幸福生活。

（二〇二四年十二月九日）

4.5

AI科技應成為可信資訊的推手

公廣集團建置AI聊天機器人芻議

AI科技蓬勃發展，並為各領域廣泛應用。但AI科技同時帶來諸多負面作用，包括資訊生態系統是否因AI生成訊息而遭到衝擊，刻正受到高度關切。面對AI生成劣質訊息，特別是假訊息所帶來的威脅，必須「破解不實」與「推播真實」雙管齊下，方有可能抑制其所造成的負面作用。就此而言，如何藉助AI科技讓民眾更能觸及正確、多元的優質訊息，允為必須重視的課題。

AI聊天機器人的應用趨勢與民主功能

AI聊天機器人（Chatbots）已被視為AI科技應用的重要趨勢，不少媒體亦已開始運用聊天機器人，以期優化運營，實現更智慧、更客製化的消費者體驗。其中，運用AI聊天機器人將自身寶貴的新聞資產進行新型態的資訊服務已在起步階段。

資訊超載的今天，具主動性、自主性的消費者如同策展人，渴望更自由地進行媒體消費。對話式人工智慧提供直覺的介面，並透過自然語言互動，讓瀏覽和選擇變得更為輕鬆、方便。使用者不僅可以輕鬆擁有龐大的資料庫，而且能按自己的興趣及情緒進行過濾。可以預見，AI聊天機器人將成為大眾獲取訊息的重要途徑。

民主體制下的台灣雖擁有高度新聞與言論自由，但民主文化的貧弱、公民素養的不足卻深深影響資訊生態的健全化。尤其令人憂心者，在於境外假訊息的操弄，極易造成社會矛盾的極化，斲傷民主發展的生機，實有必要因應資訊使用型態的變遷，建置提供可信資訊的AI聊天機器人，以有助於優質資訊的傳播。

AI聊天機器人的國外案例

運用AI聊天機器人提供讀者新的資訊服務方式已在媒體間展開不同類型的實驗。例如有鑒於一般大型語言模型（LLM）在金融領域的不足，Bloomberg透過包括自身資料庫在內的大量財經數據的訓練，於二〇二三年三月對外公開了自行開發的「BloombergGPT」，強調它是專為財經新聞量身打造的大型語言模型，可執行金融行業所需的自然語言處理（NLP）任務。

瑞典報紙《Aftonbladet》則於二〇二四年五月推出 AI 聊天機器人「Valkompisen」（意為選舉夥伴），係針對同年六月的歐盟選舉所創建。「Valkompisen」的答案取自《Aftonbladet》記者與開發人員創建的資料庫，自五月推出到七月，計回答超過十五萬個有關歐盟選舉的問題，超過原先預期。《Aftonbladet》副發行人馬丁・肖裡（Martin Schori）表示，「它基於官方、可靠的來源（以及我們向各方提出的問題的答案），並且被指示不要編造或填寫資訊」。

國外新聞媒體將 AI 聊天機器人運用在資訊服務方面的案例，可以《金融時報》、《華盛頓郵報》為代表，他們都在二〇二四年推出了實驗性的產品。

《金融時報》的 AI 聊天機器人：Ask FT

英國《金融時報》（*The Financial Times*）於二〇二四年三月推出名為「Ask FT」的新型生成式 AI 聊天機器人，目前仍在初期試用階段。與廣義人工智慧機器人如 ChatGPT、Copilot 或 Gemini 類似，使用者可以針對他們想知道的任何資訊內容提問，並獲得經過整合的自然語言答案。重要的是，「Ask FT」所提供的答案係來自《金融時報》數十年發布的訊息，而非其他不明或難以解釋的來源。

作為一個以財經資訊為其特色的媒體，可以預料，「Ask FT」的使用者可以獲得最佳答案的問題，應該是有關最近發生的事件或更廣泛的《金融時報》涵蓋的主題，「Ask FT」會在答案中以括號內的數字對應它從中提取資訊的《金融時報》文章，並將這些文章的擷取段落及全文連結列在答案下方。它還提供了這些文章的撰寫時間範圍。

「Ask FT」開始時是由 Anthropic 開發的大型語言模型（LLM）Claude 提供支持，但《金融時報》方面表示，其所使用的 LLM 仍有可能改變。目前，這項服務只提供《金融時報》專業版（FT Professional）的數百名付費訂戶使用。

《華盛頓郵報》的 AI 聊天機器人：Ask The Post AI

《華盛頓郵報》係於二〇二四年十一月推出它的 AI 聊天機器人「Ask The Post AI」。該報表示，此一生成式人工智慧工具係「利用該報具有深度來源（Deeply-Sourced）、基於事實的新聞報導，直接向使用者提供綜合答案和精選結果。」

「Ask The Post AI」同樣是以大型語言模型為基礎所建置而成，但其所給出的答案僅依據《華盛頓郵報》自家從二〇一六年以來所發布的新聞文章。據指出，「Ask The Post AI」目前所使用的大型語言模型係 OpenAI，但《華盛頓郵報》也在試驗 Mistral 及 Meta 的 Llama 人工智慧模型。

「Ask The Post AI」會在答案下方提供用於生成答案的華郵文章的連結，以及它從中提取資訊的相關片段。為了維護品牌的嚴謹度，「Ask The Post AI」對於無法找到足夠相關性資料的提問，將不會提供答案。

《華盛頓郵報》首席技術長維尼特．科斯拉（Vineet Khosla）表示：「這是為下世代使用者培養習慣的新篇章。」「整個產業的搜尋體驗發生了變化，要求我們順勢而為，滿足閱聽眾希望以何種方式、何時、何地獲得更新的使用者體驗。」

在推出 AI 聊天機器人「Ask The Post AI」之前，《華盛頓郵報》於同年七月曾先行實驗性推出「Climate Answers」聊天機器人，同樣是利用該媒體自二〇一六年來有關此議題的報導來回答有關氣候變遷、環境、永續能源等的問題。

以其他國家的媒體經驗來看，AI 聊天機器人在傳播領域的建置技術已不是問題，亦已逐漸成為年輕世代資訊取得的重要途徑，若能運用於可信資訊的傳播，應有助於我國數位資訊生態系統的健全化。公廣集團向來以正確、公正、多元為原則製播新聞，且包含多語言、多族群資訊服務，其信任度向來居各種調查的首位，以之為基礎，建置可信資訊的AI聊天機器人，既可加速公廣集團的數位轉型，彰顯數位時代公共服務新聞的標竿功能，亦能發揮AI科技的正面潛能，創造科技應用的示範效應，值得積極評估與推動。

4.6

勇敢離開安樂窩

三次參加公視 VTuber「不正經」演出的心情記事

說實在的，到公視服務之前，並不知道公視已經推出了自己的 VTuber（虛擬實況主）。更沒想到，在同仁的巧妙安排下，我竟然與她多次合作演出。雖然每次出場都被要求以活潑、俏皮又搞怪的姿態現身，但我樂以董事長身份接受製作團隊的劇情安排，因為如果連「形象正經」的董事長都可以如此「歪樓」的撩下去，公視就更有機會在追求創新的組織文化中向前挺進。

角色設定為十八歲高中生的公視第一位 VTuber，是在二〇二一年八月跨入 VTuber 數位領域。她有個可愛的造型與名字——小媒（小 Mei），而我的第一次演出卻是參加這位一期生的「畢業典禮」。

毫無疑問，小媒不是我這個時代的人物典型，但大頭小身體搭配短髮的小媒，有著不少粉絲，是 VTuber 世界尚稱活躍的成員，被暱稱「媒體巨頭」、「女王頭小媒」。據主管告知，小媒是同仁自發性開創的角色，以實驗精神勇闖江湖，當初並未得到特別的資源挹注。

被某些人認為「正經八百」的公共媒體，願意在近幾年方興起的 VTuber 世界進行探險，也願意承擔被質疑為「離經叛道」的風險，在公視積極進行數位轉型的此刻，我認為這種精神應該要被鼓勵，因此接受同仁邀約，以顛覆自己的方式，於二〇二三年十月首先在小媒的畢業典禮粉墨登場，獻上畢業祝福。

既然送別小媒，當然就要歡迎第二代 VTuber「海月粼粼」登場了。作為小媒的學妹，二期生海月粼粼的造型真的改變很多，而且添加新的技術輔助，包括 AI 在內，實在令人目眩神搖。我在海月粼粼正式出道之後沒幾天，二〇二三年十月就被邀請參加她的初配信（第一次網路直播），而且「又被玩壞了」（網路如此形容）。

由於公視在 VTuber 界闖出名號，加上同仁積極推動，公視與小倉電子企業社決定聯合主辦首屆「金V獎」評選活動，以鼓勵 VTuber 與幕後團隊，讓更多優秀創作者被更多人看見，也期望可以透過公視的影響力和媒體資源，成為連結創作者、影視產業以及觀眾之間的平台。

二〇二三年十二月三十一日晚上，首屆金V獎頒獎典禮順利完成線上直播。

如果以為公視同仁的能量僅此而已，那就大錯特錯了。金V獎活動結束之後，公視Vtuber家族再度擴大，入圍第一屆金V獎最佳男V獎的藥師寺丹，自二〇二四年四月一日起移籍公視。同仁決定為他盛大舉辦與家族成員凱文布魯的婚禮，我也因此第三度「粉墨登場」，在這場「世紀婚禮」上講幾句祝詞。

同仁提供的台詞中除了一般婚禮中常用的祝賀語，例如百年好合、永浴愛河之類，還加入了「炸韮菜盒」這個詞。坦白說，當時並不瞭解這個用語的意涵，畢竟我只是一個在Vtuber界「跑龍套」的人而已。

不過，台詞就是台詞，作為一個創新文化的支持者，我想自己認真演、快樂說就好，到底有什麼意涵，屆時上線看就可以知道了。沒想到，後來看到線上婚禮的直播錄影後，竟然還是眼冒「？」，顯然是有「代溝」。

公視馳騁在Vtuber的世界，已經讓很多人跌破眼鏡，現在越做越盛、越做越大，想必驚訝聲更是連綿不斷。但公視就是需要這種勇於嘗試、敢於創新的文化，我的心情就是要讓公視「不老」、「不正經」，願意跑出既有的安樂窩，邁向前途未卜、風險必在的新世界，所以也請大家繼續支持與箱推公視Vtuber囉！

輯 5

華視維新

5.1 邁向華視的最後一哩路

公共化商業電視的困局與解方

公共媒體不以追求利潤為目標，而以公共服務為宗旨，因此，對於任何一個公共媒體來說，如何取得穩定而足夠的經費來源，永遠是它能否成為一個卓越媒體的重要關鍵。不幸，華視依法被選定為公共化無線電視事業之後，長期陷入資金模式（Funding Model）脆弱乏力的困境，以致無法發揮預期的公共服務功能。如無具魄力的改造政策及作為，長此以往，亦勢必面臨永續經營的危機。

華視成為公共化無線電視的歷程與挑戰

在「黨政軍退出媒體」的民主化改革呼聲下，原為國防部經營的華視，依據「無線電視事業公股處理條例」的規定，於二〇〇六年將政府所擁有或控制的股份捐贈給公視基金會，並於同年七月一日正式與公視共組台灣公共廣電集團。公視基金會所持有的華視股份除政府捐贈之外，加上日後買回的非公股股份，目前比率已達83.24%，可謂擁有絕對的華視經營權。但，擁有經營權是一回事，能否達成公共化目標並永續經營則是另一回事，而且是更為重要的課題。

被定位為「公共化無線電視事業」的華視，在加入公廣集團之前，原已因電視生態的變遷出現財務虧損的挑戰，加入集團之後又面臨公共任務加諸於身的壓力，以致財務益形窘困。當然，面臨財務壓力的不只是華視，近二十餘年來，台灣整體無線電視事業連續遭逢衛星、有線電視，以及各類型數位媒體、數位平台的挑戰，已使原本無線電視壟斷時代賴以維生的「廣告模式」難以為繼。用最簡單的話來說，就是以廣告為主要營收來源的傳統商業模式已經失效，不再能為事業體獲取足夠利潤。

據台北市媒體服務代理商協會統計，二〇〇四年，整體無線電視的廣告收入尚有五十七億左右，到了二〇二三年，只剩下三十億餘元。同時間，一九九〇年代崛起的有線電視廣告總收入亦由一百八十二億下降為一百四十八億左右，導致整體電視產業的廣告收入由約兩百三十九億降為一百七十八億，降幅達二成五。相對的，網路廣告則由二〇〇五年的三十億左右，一路攀升至二〇二三年的六百一十億，劇增五百八十億，升幅高達19.3倍。

華視進入公廣集團之後，每年平均虧損達三億，即使扣掉第一年特殊狀況下的巨額虧損，年平均虧損也有2.5億，主要原因就是廣告收入大幅衰退。華視加入集團初期的廣告年收入尚有十餘億，其後一度降到三億以下，廣告收入占總體營收的比率亦降至三成以下。為了減少虧損，華視開始有減少節目投資的趨勢，以致頻道的收視率及市佔率日趨下滑，加上二〇二一年四月，華視新聞資訊台上架有線電視五十二頻道，又面臨普及率擴展不易及人力資源大幅增加的壓力，經營狀況可謂雪上加霜。

突破困境的外部干擾與客觀限制

面對傳統廣告收入的下墜，商業媒體當然要想盡辦法開發新營收以獲取利潤。一般而言，除了經營者擁有特殊營運利基外，大多數電視業者都是透過置入性行銷、公私機構標案、電子商務及異業投資如保健食品等，開拓營收來源，但加入公廣集團的華視卻因為外部政治、內部治理及法制定位等因素，未能充分或有效運用這些獲利方式。持平來說，有的因素並非華視所能掌握，例如政治干擾與法律限制的問題，但也有必須歸責於自身的因素，例如若干治理的失能。

必須特別說明法律規範的問題。根據公股處理條例的規定，華視除了要播送多元、優質及符合公共利益之節目、頻道外，還不得於兒童節目時段插播廣告，亦不得於節目、廣告中為政黨或宗教團體宣傳。換言之，華視的傳統廣告營收不僅要受到整體傳播環境變遷的影響，另外還被加諸不少限制，其中尤以政治廣告的禁制對營收影響最大。華視加入公廣集團之後，一方面不能開發法所不允的收入來源，例如被其他電視公司廣為採用的「新聞置入」（亦即在新聞中做置入性行銷），另方面又必須在一般廣告作業上受到特別的法律禁制，對於傳統上依賴廣告收入為主要營收來源的華視來說，如何開創新營收的課題，當然就更為重要與迫切。

全球確有若干商營的公共媒體以廣告為主要營收來源，但它們多半是在市場競爭性不大或市佔率相對較高的傳播環境下，方得以生存發展。以紐西蘭的 TVNZ 為例，其線性頻道與串流平台 TVNZ+ 在二〇二四會計年度的觸及率達 48%，超過 YouTube 的 47% 及 Netflix 的 38%。該年度 TVNZ 的總收入約為兩億九千萬紐幣，其中廣告收入即達兩億七千多萬紐幣，佔總收入的 94%。但華視在台灣電視市場的市佔率尚不到 2%，實無依賴廣告永續發展的可能性。

華視應定位為具商業活力的公共媒體

個人到公廣集團服務之前，心中有數，華視如何超越現狀，步入坦途，將是最難克服的挑戰。但，畢竟這個事業體是自己擔任公視基金會總經理時，協助整合為台灣公共廣電集團，也是曾經在商業媒體服務多年的我，自恃尚有經營心得可資奉獻之處。因此，我在兼任華視董事長後的第一次主管會議上即表示，「如果大家以為，我到華視來，會讓華視像變魔術般蛻變，那可能要失望了。不過，我確實有想法、有鬥志，要讓華視跟過去不一樣，而且是正向的變化」。

以目前的傳播環境及華視體質而言，在政治與法制問題短時間內無法獲得解決的情況下，首先必須確立華視的定位是：具商業活力的公共媒體。換言之，華視已經在法律規範及實質運作上成為公共媒體，此為現階段無法改變的事實；但現階段同樣被法制框限的事實是，華視必須靠商業營運來獲取營收，既然如此，沒有商業活力又如何維持生存，甚至轉逆境為新局？華視當然可以努力改變目前的法制定位，但顯然不是朝夕可至。一個事業體的定位直接影響內部成員的認知，也攸關經營策略的擬定，華視若不能適當定位自己的角色，必將陷入不切實際的政策期待，亦將弱化事業體的競爭力，長此以往，不僅社會對華視的存在價值失去認同，員工自身亦無法保有工作的尊榮感。

依據此一定位，「沒有捷徑」的華視經營策略顯然需要二路進擊。一方面提升內容產製品質，建立品牌特色；另方面必須訂定妥適營收策略，特別是創造新的營收來源。在內容產製上，創意規劃及品質監控的重要性自不待言，但結合外部資源的產製策略同樣重要。如何善用自身特色，與異業、同業以及公廣集團成員形成多元合作，是華視相對容易掌握的成功之道。

在經管團隊及同仁的努力之下，此一外部協力的內容產製策略在週間戲劇線及週末、週日黃金檔節目，已初見成效。

內容領域的重中之重，自然是於有線電視五十二頻道上架的華視新聞資訊頻道。它居於目前有線電視系統的「黃金地段」，亦為公廣集團觸及面最為廣泛的新聞產品，如果能夠樹立公正、專業的新聞品牌，贏得閱聽眾的肯定與青睞，不只可以為華視帶來聲譽及收入，更有機會對台灣的傳播生態與民主政治做出正面貢獻。果不其然，在定頻率擴大至73%及同仁持之以恆的努力下，頻道收視逐年成長，三年間，收視倍增，頻道的平均收視已超越數個競頻，更重要的是，公正形象及重大事件看華視的品牌已逐步建立，未來若能持續提升新聞品質並擴大頻道普及率，勢必成為華視與公廣集團的重要資產。

開創新營收　否則面對衰亡

董事會與經管團隊對於華視的節目內容仍有諸多期待，內容策略的穩健推動雖然也為華視帶來廣告收入的增加，由二〇二一年的3.55億提升至二〇二四年的5.45億（升幅達53.5%），但並無法讓華視轉虧為盈。在各項費用逐年攀升且須提升員工偏低的薪資福利條件下（華視董事會於二〇二四年通過華視加入公廣集團後首度員工全面調薪），創新營收的重要性不言可喻。何況，在數位傳播日新月異的環境下，整體電視產業都面臨共通的數位轉型課題，電視產業若不加速轉型，就只有面對衰亡的結局。

紐西蘭公視 TVNZ 近年來即遭到傳統頻道廣告量下降的挑戰，因此加速推動自營的 OTT 平台 TVNZ+，並已收到一定的成果。TVNZ+ 在二〇二四會計年度的收視率比前一年增加 25%，串流播放量達到 4.64 億次，每週觀眾觸及率亦比去年同期成長 16%，帶動數位廣告收入成長了 8.2%。再以另一個部分依賴廣告收入來維運的韓國公視 KBS 為例，二〇一五年時，其商業廣告收入尚有五千零二十五億韓元（約台幣一百一十五億），占總收入的 32.5%。到了二〇二二年，廣告收入只剩下兩千六百四十二億韓元（約台幣六十億），幾乎腰斬，而且此一收入只占總收入的 17.8%。若非有來自人民直接給予的執照費支撐，勢將營運維艱。

以二〇二二年來說，韓國民眾每月繳交兩千五百韓元（約五十七元台幣）給 KBS，總計當年的執照費收入是六千九百三十四億韓元，約合台幣一百五十八億，占總收入的四成七。KBS 可以播廣告的頻道是 KBS 2，其市佔率雖已降至 10% 上下，仍較台灣目前任何一個電視頻道的市佔率要高，因此尚可獲取一定數額的廣告收入。即使如此，面對數位狂潮的來襲，原本居壟斷地位的韓國無線電視都已積極採取了各種數位轉型的策略。

成立三策略小組　追求光榮再生

對於市佔率低沉，又沒有執照費收入或政府固定捐助的華視而言，欲降低虧損，甚至是轉虧為盈，沒有新營收不僅毫無可能，而且變成迫在眉睫的挑戰。因為不斷向銀行借貸維運的做法，不僅要面對貸款上限的終點，而且利息支出日益累增，亦造成經營成本的「惡性循環」，任何一個負責任的經營者都不可能漠視、迴避此一課題。因此，個人就任華視董事長之後，隨即在董事會的支持下成立三個策略小組：數位轉型、創新創業與資產活化，以尋求華視的永續經營。我將所有策略作為稱為「事業再造的光榮戰役」，目的在於「追求華視的光榮再生」，希望藉此鼓舞同仁，攜手並進。

三年來，數位轉型雖然走得不快，但持續向前邁進，已看到數位營收的提升。遺憾的是，資產活化被扭曲與抹黑，不得不暫時停下腳步；創新創業亦遇政治亂流，仰賴後續溝通以利順利啟動，凡此俱皆阻礙了華視營運正常化的時機及時程。華視於台北首善之區的蛋黃地帶擁有五千多坪土地，其中有八百多坪空地及諸多低度利用之空間，無怪乎被稱為「坐在金山上的乞丐」。但依序進行中的資產活化討論，竟被媒體扭曲為「黑箱作業」、「偷渡闖關」，而且繪聲繪影有財團介入，不只呈顯媒體生態的亂象，亦具體而微的顯露出華視在經營上所需面對的複雜情境及非專業干擾。

但，在廣告營收模式已經崩解的今天，華視若不能開創新營收，必將日漸黯淡以至衰亡，此不僅對華視員工不公平，亦是公共傳播服務與多元社會發展的損失。華視當然要證明自己的存在價值，而華視亦已展現其所具有的公共服務功能，例如公眾對於公共新聞頻道的資訊需求，若然，除了華視自身的努力之外，包括行政、立法等政府部門的支持及理解就非常重要，否則各種數位轉型、資產活化及創新創業的作為將難以大幅推進，華視營運亦只能在既有格局之中作有限的改善。

華視維新之路需要自立自強及政府支持

華視近幾年的平均虧損數額，為加入公廣集團以來最低的階段，但亦面臨貸款利息累增、設備汰舊換新，以及節目成本上揚等的持續性挑戰，能夠勉力維持已屬不易，若無既有格局的突破，實不易期待營運上的大幅改善，更無法實現當初將華視公共化的理想目標。

除了支持華視在數位轉型、資產活化及創新創業上的興革，政府對於民股買回、法制定位等問題，亦應尋求長遠的解決之道。二〇二三年修正公共電視法時，係以當時最能凝聚共識的公視相關業務為目標，未及於公視基金會持有逾83%股份的華視，惟各方多同意將華視的法制定位列為下一階段修法目標。至於買回華視民股乙事，經與民股溝通，亦均有意願，可望以十億元以下的費用解決此一常年未解的難題。

華視公共化的最後一哩路看似艱困，其實前景清晰，而且前行有路。在法制定位尚未解決之前，華視自身需以商業活力實現公共價值，政府亦應持續提供設備及內容補助經費，以利華視製作優質影視內容，發揮更大的公共服務功能。至於法制定位的解決就需要政府啟動下階段公共電視法修法作業，並買回華視剩餘民股，以完成華視公共化的未盡之業。

華視維新之路不容停下腳步！

5.2

事業再造的光榮戰役

華視董事長當選聲明

華視有其悠久歷史及輝煌紀錄，我很榮幸有機會來擔任董事長職務。華視進入公廣集團之後，揭開台灣公共媒體發展的新頁，能夠以公視基金會董事長來兼任華視董事長，對我而言，更是一項重大的責任。

不可諱言，近二十年來，華視遭遇不少挑戰。這些挑戰有的來自無線電視產業的共通課題，也有的是源自自身的失誤或失策。無論如何，都是我們的挑戰，也都必須予以克服。從今天開始，克服這些挑戰就是我與新屆董事會必須一起承擔的責任。

大家應該都會同意，要再造事業，讓它重新站起來，並綻放光芒，洵非易事。但一個事業體願意啓動再造，還未必能夠成功，不做改造，更不可能讓事業體獲得新生。我已做好準備，將致力推動一場事業再造的光榮戰役，追求華視的光榮再生，而華視的每個人在這場戰役中都有他不可取代的角色與功能。

我衷心相信，每個華視人都希望在華視工作的這段時間，會是人生旅程中的光榮一頁。我也堅定相信，只要有正確的策略、共同的意志，華視就有機會創造歷史，留下光榮的印記。

過去，我們往往陷入定位的矛盾，對於自己究竟是公共或商業媒體感到疑惑。未來三年，我們將以具體的作為，證明華視可以是兼具公共精神與商業活力的電視台。

我不會低估挑戰的巨大，但我也堅信，只要努力，今年就是華視維新的元年！

（二〇二二年八月一日）

5.3 追求華視的光榮再生

董事長當選後首次董事會經營策略報告

華視有其悠久歷史及輝煌紀錄，個人很榮幸有機會來擔任董事長職務。華視進入公廣集團之後，揭開台灣公共媒體發展的新頁，能夠以公視基金會董事長來兼任華視董事長，對個人而言，更是一項重大的責任。

不可諱言，近二十年來，華視遭遇不少挑戰。這些挑戰有的來自無線電視產業的共通課題，也有的是源自自身的失誤或失策。無論如何，都是我們的挑戰，也都必須予以克服。從今天開始，克服這些挑戰就是個人與新屆董事會必須一起承擔的責任。

大家應該都會同意，要再造事業，讓它重新站起來，並綻放光芒，洵非易事。但一個事業體願意啓動再造，還未必能夠成功，不做改造，更不可能獲得新生。個人已做好準備，將致力推動一場事業再造的光榮戰役，追求華視的光榮再生，而華視的每個人在這場戰役中都有他不可取代的角色與功能。

個人衷心相信，每個華視人都希望在華視工作的這段時間，會是人生旅程中的光榮一頁。個人也堅定相信，只要有正確的策略、共同的意志，華視就有機會創造歷史，留下光榮的印記。過去，我們往往陷入定位的矛盾，對於自己究竟是公共或商業媒體感到疑惑。未來三年，我們將以具體的作為，證明華視可以是兼具公共精神與商業活力的電視台。

華視要如何成為兼具公共精神與商業活力的電視台？坦白以言，並無速成的捷徑，唯有一步一腳印的制定策略，並落實執行，才有機會達成此一目標。我們一方面要致力提升內容產製的品質，另方面必須訂定妥適的營收策略。雙管齊下，方能贏得社會與觀眾的認同。

有關內容產製的部分，新聞頻道與旗艦節目的成敗將是關鍵，前者以品質提升與系統普及為第一要務，後者以節目創新及資源調控為思考重點。將在管理團隊到位之後，儘速討論，擬定具體行動方案。至於營收策略，將於董事會下設立「資產活化」、「數位轉型」與「創新創業」三個策略小組，多方諮詢，集思廣益，再於董事會中提出相關策略建議，以期穩固華視永續經營的基礎。

三個策略小組的規劃從何而來？先從大環境來檢視，依據台北市媒體服務代理商協會出版的媒體白皮書二〇一〇至二〇二〇年數據顯示，電視接觸率持續下滑，由93.4%降為84.2%，而網路接觸率一路攀升，由51.8%提高到95.3%，清楚顯示傳播生態的劇烈變化，華視若不因應數位生態之需求，將面臨更大經營壓力。收視狀況與廣告量密切相關，二〇一〇至二〇二〇年間，網路廣告量同樣急遽攀升，由八十六億成長到四百八十三億，相對的，電視廣告量明顯下降，由兩百四十九億減少為一百七十六億。

再以無線電視台的市佔率來看，華視進入公廣集團時，市佔率超過3.5%，二〇一〇年時市佔率尚在3%以上，大約穩定一段時間後，自二〇一七年起再度下墜，迄今僅佔1.5%左右，與公視相近。換言之，雖然華視虧損減少，但代價卻是市佔率的大幅降低，若再不有所作為，事業體將有消亡之虞。

以廣告收入及其所占營收的比率來看，依財務部二〇一五至二〇二一年資料，華視廣告收入持續低靡，在收視率與市占率降至低點的影響下，二〇二〇年的廣告收入與營收占比皆落入谷底，二〇二一年則因五十二頻道開始營運致收入略有回升。分析華視各類營收可以發現，租賃收入是目前相當重要的營收來源，在廣告營收降至谷底時，甚至成為華視占比最高的收入來源，超過四分之一。換句話說，依現有結構，華視不可能單靠廣告維生，若無租賃收入，營運將非常艱辛。

因此，從營收策略來考量，除致力爭取政府之附負擔捐贈、專案計劃與非專案計劃等補助外，華視仍應從其他面向去努力。首先，在資產活化上，同仁已努力擴增出租收入，但尚有閒置資產可待開發運用，對此已與文化部有共識，希望擬具「資產活化」建議方案，提請文化部協助處理。

其次，為擴大數位營收，未來不論在數位平台廣告分潤、產品與服務創新或是訂閱與會員收入等，都要積極思考規劃，推動「數位轉型」。另外，業界紛紛尋求廣告以外之營收，因此要「創新創業」，透過內部與外部創業，來形成多角化經營，也是必須長遠著力之事。

營收策略的實現仰賴妥適的組織運作予以支持，換言之，華視必須進行必要的組織變革，特別是「數位轉型」，其面向至少包括組織改造、資源配置、內容產製、公服行銷等。成功不會一蹴可幾，無論是內容或營收策略的努力，都要戮力以赴，凝聚能量，並且隨時檢討，動態調整。挑戰雖然巨大，我仍然相信，華視維新的路是人走出來的！

（二〇二二年八月十一日華視董事會報告內容）

5.4

突破經營痛點　注入創新 DNA

公廣集團新創公司計劃的背景、方向與策略

開創新事業需要理性的規劃，亦必須具備足夠的冒險精神。對於公共媒體，尤其是台灣的公共媒體而言，尚需強韌的溝通能力與堅定的責任承擔，否則難以直底於成。公廣集團首度尋求創新創業的歷程是以上說法的最佳註腳。

二〇二二年八月華視第二十四屆董事會成立後，即於第二次董事會議決議設立創新創業策略小組，研商創新創業事宜。華視創新小組策略會議於二〇二三、二〇二四年間進行研商，公視與華視經管團隊續於二〇二四年間展開實質討論，經半年審慎規劃與評估後，終於擬定新創公司營運計劃草案，提交二〇二四年十一月召開之公、華視董事聯席會議討論，獲得出席董事一致支持。

規劃中的新創公司係以公共服務為核心，開拓營收為目標，主要業務包含數據分析、社群行銷及 AI 應用三個領域，皆為公廣集團自身在數位轉型上所需要強化或擴增的能力。由於新

創公司第一階段是由華視與公視共同投資，因此營運計劃書需分別提送公視及華視董事會進行審議。華視業於二〇二四年十一月董事會議通過該公司營運計劃，後續尚待公視董事會審議通過，方能完成法定程序並據以執行。

未料，此一於集團內部具高度共識的計劃，遭到立法委員及若干媒體質疑，董事會與經管團隊隨即展開溝通，並向社會說明。擔任公、華視董事，並具豐富創業經驗與社會聲望的企業家施振榮亦於媒體公開撰文，強調「不變革，就只能淘汰」。「面對大環境的變化，如果傳統媒體不變革，就無法永續。啟動華視的轉型變革勢在必行，否則在時代的洪流下，可以預見最後將被淘汰」。

國外公共媒體透過成立新公司或投資外部事業，以擴大服務效能及營收來源的情形所在多有。以英國 BBC 的內容製作與行銷子公司 BBC Studios 為例，迄今已投資或併購諸多公司，最新的投資計劃是於二〇二五年二月宣布投資 Samphire Films，後者是二〇二四年方成立的英國製作公司，以製作大型紀實節目及紀錄片為主要業務。BBC Studios 近年營運狀況甚佳，二〇二四年的營收達十八億英鎊，並連續第三年利潤超過兩億英鎊。

公廣集團進行中的創新創業計劃乃集團成立以來的首次，亦為公視建置迄今的首例。二〇二三年修正的公共電視法第二十八條明訂，公視基金會經費來源包括「投資他事業之收入」，明確賦予公視藉由投資事業來開拓收入來源的合法性。惟依據財團法人法及文化部所訂行政命令之規定，公視基金會必須先制訂投資管理機制，並依據該機制審議通過投資計劃後，再陳報文化部許可，與英國BBC可獨立決策的創業流程有別。

無論何種制度，對於首度突破陳規的公廣集團而言，為期新創事業能夠達成預期目標，確需周延規劃於先，妥適執行於後。此外，基於學習型組織對公共媒體永續發展的重要性，此次新創公司的推動過程亦盼能為公廣集團注入創意變革的DNA，形塑組織內部的創新文化，改變外界部分人士對公廣集團所持有的刻板印象。

針對此一創新創業計劃及其所引發的爭議，個人曾接受媒體訪問，現以答客問方式重新整理於下。

問：為何你及經管團隊會起心動念推動新創公司？

答：這件事當然不是心血來潮的即興演出！當我決心競選公廣集團董事長的時候，就已經對公視與華視的發展有個規劃藍圖。獲董事們支持擔任董事長後，隨即在華視第二次的董事會推動成立創新創業、資產活化及數位轉型三個策略小組。經過兩年期間的努力，發現公廣集團的數位轉型雖有進展，但速度不如期待。

其次，必須自給自足、自負盈虧的華視，在現行經營及法制格局之下，即使有傑出的內容表現，也無法止住虧損趨勢。此時此刻，自然要尋求如何突破瓶頸，解決經營痛點。

本屆公視董事會已經有很多突破性成果，例如推動修改公共電視法，取消政府捐贈公視經費的上限；推出「小公視 XS」平台，樹立兒少內容服務的新里程碑；創設國際英語頻道 TaiwanPlus 並主辦二〇二三世界公視大展（INPUT），成功躍動於國際傳播社群；設置公廣集團南部中心，擴大推展地方服務；破紀錄的金鐘獎入圍數目，也破天荒的建置了全球的國際記者網。

我應該可以不必再做什麼事，以現有成果為滿足，以太平董事長自居。但是做一個負責任的經營者，能夠讓華視一直虧損下去，坐以待斃嗎？能夠不因應 AI 時代的到來，打通數位轉型的瓶頸嗎？

問：華視究竟面臨什麼樣的經營問題？在開源節流方面遇到何種挑戰？

答：首先要說明的是，整體電視產業都面臨共通的數位轉型課題。用最簡單的營收面來看，電視產業的傳統廣告收入大幅下滑，十年前還有兩百四十六億，二〇二三年只剩一百七十八億，減少了六十八億，降幅達二成八。但網路廣告卻由一百六十二億，陡升到六百一十億，增加了四百四十八億，升幅達277%，快三倍了。面對這個趨勢，電視產業若不加速轉型，就只能走向衰亡。

台灣的電視台有很多生財之道，例如運用自身的傳播優勢，投資各種事業，最具代表性的投資產品就是各式各樣的保健食品。就法律角度而言，華視可以做這類的「業外」投資，但並非政策上的優先選項。至於電視業另外一個重要的收入來源——「新聞置入」，華視則是一點都不能碰。

所謂「新聞置入」，就是在新聞報導之中做置入性行銷，這是被法律禁止卻在實務上大行其道的營收來源，儘管「收入可觀」，但以專業倫理自我要求的華視必須將這種收入列在完全禁止之列。甚至，華視作為公共化的無線電視事業，依法也不能像其他電視公司一樣，接受政治、選舉廣告，亦不得在兒童節目時段插播廣告。

種種限制之下，必須走「正路」的華視能夠繼續陷在傳統營收的泥淖，而不迎向數位大海嗎？更何況，華視的固定支出不斷增加，例如因為虧損而不斷借貸的結果，目前短期貸款已達四十一億，加上升息的壓力，二〇二三年較前年的貸款利息就增加了兩千多萬，其餘水電、人事等經費也都逐年增加。董事會及經管團隊能夠坐視不顧，繼續「坐在金山當乞丐」嗎？

問：華視即使強化節目內容也無法解決虧損問題嗎？

答：其實，華視這兩年已經努力在內容製作及管理制度方面下工夫，既提升了收視率，也帶動了電視廣告的營收。華視前幾年的廣告收入一度掉到三億之下，這兩年已提升到4.4與4.5億左右，在新聞頻道及專案計劃等的成長帶動下，華視二〇二四年的廣告收入持續提升，成長到近5.5億元。

華視進入公廣集團之後，每年平均虧損達三億，即使扣掉第一年特殊原因下的巨額虧損，年平均虧損也有2.5億。近幾年即使成本累增，仍可以透過適當的經營策略，讓虧損都降到平均值以下，但已可清晰看出繼續走傳統的營運模式，將是死路一條。華視正是因為虧損，所以要找出路，何況「向數位轉」已經是不可逆的趨勢，電視產業的數位轉型或AI轉型是「本業」、是「正業」，不是「業外」！

問：公廣集團的新創公司業務方向為何？有把握達成預期目標嗎？

答：在推動數位轉型及開拓新營收兩個目標之下，計劃中的新創公司主要業務包含數據分析、社群行銷及AI應用三個領域。這三個領域都是公廣集團自身在數位轉型上所需要的能力，我們希望透過這個新創公司來協助，並協力開發集團外的業務。

公廣集團有著龐大而優質的資料庫，但多半是非結構化的資料，需要經過適當處理才能成為有用的資料，這方面以現有的人才及資源是不足的。透過這些資料的有效運用，一方面有助於公廣集團更大幅度轉型為數據驅動決策的組織，另方面亦可藉此經驗作為對外開展數據服務的基礎。

必須說明的是，AI應用是新創公司的業務之一，它既是數據分析及社群行銷的加值，也是其他領域向前推進的重要支柱之一。換句話說，這個新創公司並不是純粹型態的AI科技公司，也不是要「自力」發展多麼先驅的AI技術，而是要積極搜尋及導入公廣集團可用的AI技術，並以自身在內容製作及資料庫的優勢，尋求發展適合台灣傳播領域可規模化應用的AI模型，達到公共服務及增加營收的兩大目標。

新創公司的資本額預計為三千萬元，由公視基金會與華視共同投資，分別佔49%及51%股份。坦白講，投資額並不大，比一部戲劇的投資都不如，但就實際業務需求及財務預估來說，應已足夠作為新公司的起始資金。

沒有任何一個新創公司敢說自己穩賺不賠，也沒有任何人可以保證創新業務不須承擔風險，但我們仔細計算過可先期掌握的內部業務，也認真盤點過市場的需求狀態，我們有相當程度的信心，可以找到立足點。依據目前規劃，我們希望在前兩年的有限虧損之下，有機會在第三年即轉虧為盈。當然，能否達成目標有賴良好執行力及靈活的應變能力。

問：為何不在公廣集團內部自行建置新業務執行單位？如何消弭外界安插酬庸人士的質疑？

答：如何創業確實是重要問題，也是關鍵問題。我在媒體界服務多年，也曾在中正大學傳播研究所教授創新創業課程，實際經驗及各國研究都顯示，組織制度及文化是影響新創業務能否成功的關鍵因素之一。以目前公廣集團的體質而言，追求創新的傳播科技人才，不易在現行組織內存活及發展。這兩年來，公廣集團也希望招聘資訊科技人才，但實在不容易，不是薪資與現行制度不合，就是對個人在組織內的發展有所疑慮。

公廣集團過去的經驗也顯示，一項創新業務的推展往往需要面對內部既有組織認知的挑戰，TaiwanPlus業務由中央社移轉到公視基金會的過程，就經過內部相當時間的磨合。十九年前，我擔任公視總經理時，將推動公民新聞的任務放在新媒體部，也是希望能夠透過比較融合的組織文化取得初期發展的生機。事實證明，這項決定是正確的，如今公視的公民新聞平台PeoPo已經成為全世界公民新聞的範例。

其實，電視產業都設立一至多個子公司或關係企業，藉以靈活應付不同業務的需求。華視原有華視文化公司作為業務支援的「幫手」，但這個公司因為管理出現問題，在上屆董事會時就決定停止運作，所以現在新設公司也有助於華視業務的靈活開展。

公視與華視都設有關係法人監理辦法，對於投資事業進行監督與追蹤，不可能不按規定處理公司的業務或人事。所謂安插酬庸人士的說法，請看我到公廣集團服務後的人事任用，答案就很清楚了。事實是最好的檢驗，請大家一起來監督我們的人事。

問：外界說這屆董事會的任期就要屆滿，現在屬於看守時期，不應推動設置新創公司，是事實嗎？

答：依據公共電視法的規定，公視董事任期為三年，本屆公視董事會成立於二〇二二年的五月二十日，任期屆滿時間為二〇二五年五月十九日。依往例，公視與華視是在交接前一個月不做重大決策與人事調整，我們的做法符合法令規定與過去慣例。至於華視新屆董事會則是組成於二〇二二年八月一日，要到二〇二五年七月三十一日才屆滿三年，而新創公司計劃是在二〇二四年的十一月經董事會通過，並無所謂的看守期問題。

事實上，華視本屆董事會組成時就成立創新創業策略小組，就創新創業問題展開討論。二〇二四年四月開始，更由公視與華視的經營團隊就新創事業進行密集研商，召開過五次跨集團的專案會議，程序相當審慎。

公視與華視董事召開專案會議討論新創事業時，更對此項計劃取得一致認同，許多董事並強調應掌握時效、積極推動。已擔任三屆公視與華視董事，擁有豐富經營經驗，並受社會高度敬重的施振榮先生，還用「當仁不讓」來期許這項創新創業計劃。

問：面對外界爭議的心情如何？會繼續推動創新創業嗎？

答：雖然公共電視法明文規定，公共電視係獨立經營，不受干涉。但相對的，國民全體都是我們的「利益關係人」，所以，我一直認為，溝通與對話是公共媒體的責任，也是推動任何工作的重要原則。我也一向自我期許並勉勵所有同仁，不要怕爭議，我們盡力說明與溝通，相信終能找到解決之道。

公廣集團勢必要持續進行數位轉型，也要努力開創新營收，所以才要以資料分析、社群行銷及AI應用作為新創事業主力發展的業務。這不是為了任何人的私利，也是全球公共媒體積極推動的目標。

到公廣集團服務之前，我就知道這段旅程中必定會面對不少誤解、爭議或質疑，我會誠意面對、誠心處理。不過，我也深知廚房本來就是熱的，進廚房就不能怕廚房熱。這三年，我得罪的人可多了，但為了台灣公共媒體的健康成長，也為了華視的永續發展，該得罪也只好得罪了。

我無所求，所以明知山有虎，偏向虎山行。兩年來，「惡意流言」無所不在，「經營挑戰」如影隨形，但廚房不就是熱的嗎？凡事盡其所能、盡其在我了。

5.5

公共新聞是值得信賴的嚮導

華視新聞台普及率擴大感言

很想多説幾次：終於突破了！

NCC今天（二〇二二年十二月十四日）通過凱擘、台固、大新店、屏南、新彰等二十家有線電視系統的申請案，在五十二頻道上架公廣集團的華視新聞台。這項決定的重要意義不僅在於可以讓公共新聞的普及率一舉超過七成（約73%），更重要的是，可以讓公共媒體有機會證明公共新聞是台灣社會「值得信賴的嚮導」（Trusted Guide）。

長期以來，許多民眾對於台灣的新聞頻道有很多批評，甚至感到失望。相對的，也有許多聲音呼籲讓公共媒體有製播新聞頻道的機會，實踐被期待的新聞專業。去（二〇二一）年上架五十二頻道的華視新聞資訊台，正是在此種既失望又期待的氛圍下出線。

無奈，儘管歷經諸多努力，也得到不少支持，華視新聞台的普及率始終無法突破四成。今

（二〇二二）年四、五月間，連續出現的標題等失誤，更招來外界批評，也讓五十二頻道的普及進度受挫。毫無疑問，這些錯誤顯示了華視自身存在的問題，必須自我檢討，才能取得社會信賴。

華視新屆董事會於今年八月一日組成之後，隨即通過七項強化方案：擴增人力經費、強化流程管控、改善機器設備、調整人事制度、精進教育訓練、檢討組織管理、尋求法制改革，並於九月中旬選出新任總經理藍宜楨，逐步推動各項強化方案。

選舉新聞涉及敏感的權力競逐，可謂檢驗一個媒體是否公正專業的最佳試劑。面對今年下半年熱呼呼的九合一選舉，華視新聞台積極落實公共媒體的製播方針，除增訂新聞節目在選舉期間必須遵循的公正規範之外，並致力讓選舉新聞展現專業原則與公共精神。

有好幾位原不熟識的華視同仁當面告訴我，他們對於華視治理能夠落實專業，讓同仁擁有單純的工作環境感到高興。一位主管也表達，能夠在沒有干擾的氛圍下工作，不僅自己備感珍惜，也令不少同業感到羨慕。聽到這些陳述，心中著實感動，因為這正是身為董事長的我最想做到的目標之一。

許多人懷疑華視新聞台在追求營收的壓力下能否做到專業？在複雜的政治環境下能否做到公正？經過九合一選舉的檢驗之後，終於可以公開宣示：我們做到了！相信這也是NCC今天通過多個有線電視系統申請上架華視新聞台的原因。衷心感謝這段期間以來華視同仁上上下下的努力，以及各方面人士的信賴及相挺。

知不足才能日有所進、月有所長！我們知道，華視新聞台還有許多需要努力的地方，不在新聞中做置入性行銷，不做無謂的三器新聞，畢竟只是消極性的專業實踐，能夠做出有品質、有內涵的好新聞，讓公眾擁有參與公共生活的好資訊，才是公共媒體能否成為可信嚮導的關鍵指標。

為了實現這樣的目標，我們拚了！

（二〇二二年十二月十四日）

5.6

公廣集團攜手轉播巴黎奧運

華視呈現力與美的極致饗宴

請容許我在這裡自豪的宣布：二〇二四巴黎奧運的全方位電視轉播服務，盡在公廣集團。

四年一次的奧運，儘管免不了人類惡習的滲透，儘管少不了商業操作的干擾，但毫無疑問，仍是運動賽事的最高殿堂，也是無數運動員夢寐以求的桂冠所在。

台灣不是所謂的「體育大國」，不過，十天後就將舉辦的巴黎奧運勢必吸引國人目光，「台灣加油」的呼聲亦將牽引全民心緒。或許，最讓我們感動的應該是「運動家精神」的展現吧！

在體育轉播的服務上，公視從二〇〇九年高雄世運、近幾屆的奧帕運、亞運及世大運等重要國際體育賽會，全部沒有缺席，此次自不例外。難得的是，經過協調及爭取，華視也加入轉播行列，形成公廣集團攜手合作，而且無其他傳統商業電視台參與轉播的特殊生態。

公廣集團的奧運轉播服務，雖然不包括新媒體的轉播權（請看中華電信及愛爾達 TV），加上經費限制而有轉播時數的侷限，但公視與華視同仁仍然全力以赴，希望做到公廣集團許下的願景：感動國民、躍動國際！

值得強調的是，巴黎奧運期間，法國同時規劃了別具意義的「文化奧運」，總計將在全國推出近兩千五百項藝文活動，開展藝術與體育的交流對話。位於拉維特園區的台灣館，屆時將有來自台灣的二十二組表演團隊進行表演，而公廣集團的 **TaiwanPlus** 全英語平台也將進行完整記錄與報導，並分享集團成員。我們真的可以大聲說：巴黎體育與文化奧運盡在公廣集團了。

公廣集團今天（二〇二四年七月十七日）特別在一〇一大樓的双融域召開記者會，藉由沉浸藝術的展演形式，向社會報告我們的轉播服務計劃。謝謝小野部長等來賓的蒞臨鼓勵，感謝集團所有同仁的齊心協力，並誠摯歡迎大家透過公視頻道、公視三台、華視頻道、**TaiwanPlus**，一起欣賞人類力與美的極致饗宴。

附註：華視雖然在臨近奧運開賽前夕方達成加入轉播行列的協議，但參與轉播作業同仁在總經理劉昌德的指揮下展現團隊精神，獲得極佳績效，從轉播口碑（包括性別意識的留意）到廣告營收都超過預期。

（二〇二四年七月十七日）

5.7

看見華視的好看！

「多元活力　華視二〇二五發布會」致詞

雖然周杰倫演唱會就在隔壁的台北大巨蛋火熱開唱，但是華視的熱度不遑多讓。今天（二〇二四年十二月六日）下午在自家棚內舉辦的「多元活力　華視二〇二五發布會」現場，真是活力十足，展現未來一年滿滿的企圖心。

我也向所有合作夥伴及媒體朋友開心報告，在劉昌德總經理帶領所有同仁的努力下，華視今（二〇二四）年的廣告營收及華視新聞頻道的收視率預估都比去年成長二成以上。

補上我的致詞要點，作為活動的見證：

許多朋友最近碰到我，都說「華視好看」。當我問什麼節目讓你覺得好看？他們舉出了很多例子，有的說奧運轉播好看，有的說週日晚上戲劇好看，也有人表示，週六、日晚上的實境節目好看，當然還有不少人稱讚華視新聞公正、專業，是他現在最常看的新聞頻道。喜歡看連續劇的朋友則對現在正在播的《阿榮與阿玉》表達肯定。此外，還有好多好多。

我很謝謝這些朋友都有看到華視的「好看」，看到華視同仁過去一年努力的用心。我要跟大家報告，在劉總經理與所有同仁的努力下，華視今年的廣告營收及華視新聞頻道的收視率預估都比去年成長二成以上。

我也要跟大家報告，華視何只是今年「好看」，在劉總經理率領經理團隊與同仁的規劃下，明年更是「好看升級」，精彩一整年。所以，華視走在「成功路上」，而且「拜六禮拜」無敵好看。原因是華視同仁都是「台灣體能王」，拚盡全力，「火車來去」，台灣走透透。我們也不只是在台灣「天才衝衝衝」哦，更是「鬥陣出國去」，國內國外都是嚇嚇叫。

附註：以上引號都是使用新節目的名稱，希望在場及收看現場直播的觀眾能夠記憶深刻。

（二〇二四年十二月六日）

輯 6

國際連結

6.1 讓世界走入台灣，讓台灣走向國際

從國際媒體生態看 TaiwanPlus 的定位與發展

二〇二一年八月三十日正式上線的 TaiwanPlus 是台灣首個向國際發聲的全英語平台，原由中央通訊社營運，二〇二二年六月十日轉由公視基金會負責。二〇二三年六月公布實施的新版公共電視法，將「國際傳播服務及交流」列入公視的法定業務，TaiwanPlus 亦從此正式成為台灣公廣集團的成員，揭開台灣國際傳播的新頁。

「TaiwanPlus 是提供來自台灣的英語新聞和娛樂內容的首要國際媒體平台。我們是一個公共資助的組織（Publicly Funded Organization），總部設在一個繁榮的民主國家，位於地球上最具活力及發展最快的地區中心」。此為 TaiwanPlus 在官網上所做的自我簡介，清楚標示了其為公共媒體所運營的英語國際媒體。

除純粹商營的國際媒體如 CNN 之外，大抵而言，全球發展國際傳播的廣電組織可以分為三類。第一類即為由公共媒體負責製播與推廣的「公媒運營型」組織，例如英國 BBC World

Service、日本 NHK World、德國 DW、法國 France 24 等。此種模式運作下的組織，其經費來源多係人民直接繳交的執照費或政府預算的撥補，基本上擁有內容製作的獨立性，亦服膺正確、公正、人性尊嚴等公共價值，但在推展國際對話與交流的同時，仍以促進對自己國家的理解與認同為宗旨。

以提供四十二種語言服務的英國 BBC World Service 為例，它視自己為「英國最重要的文化輸出（Cultural Exports）之一」，亦被國會定位為英國軟實力（Soft Power）的表徵。二〇二四會計年度，它的總預算為 3.69 億英鎊，其中包括英國外交部的 1.04 億英鎊補助，約占總預算的 28%。有鑑於俄羅斯和中國的宣傳攻勢，據媒體報導，英國工黨政府將提高補助額度，可望於二〇二五會計年度增加約二成五的經費。儘管 BBC World Service 部分經費來自政府，不過，英國外交部僅參與決定播放哪些語言的節目，至於節目的編輯權則完全握在 BBC 手中。

再以提供三十二種語言服務的德國 DW（Deutsche Welle）來說，它與 BBC World Service 不同，並非隸屬於德國公視 ARD 或 ZDF，而是依法設立的獨立公媒組織。同樣的，該組織雖然強調宗旨在於「提供公正的新聞和訊息，促進文化對話和意見自由」。但也表白它們所製作的節目「反映了德國作為一個植基於歐洲文化的自由民主國家的形象」，並肩負著推廣德語的明確使命。此外，DW的經費來源主要是聯邦稅收，與BBC以執照費為主的財務模式並不相同。二〇二四年，DW從聯邦文化與媒體委員會（BKM）預算中獲得約4.1億歐元的資金。

另外一種被民主國家採用的模式可稱之為「政治指導型」，例如美國之音（VOA）。VOA的經費皆由政府撥款，且隸屬美國全球媒體總署（U.S. Agency for Global Media）。全球媒體總署雖為獨立的聯邦機構，但仍為行政部門的一部分，且負責該機構的執行長係由總統任命（經參議院同意），其組織運作方式與公媒運營型的國際媒體並不相同。美國全球媒體總署監管的國際傳播機構除美國之音外，尚包括中東廣播網（Middle East Broadcasting Networks）、自由歐洲電台／自由電台（RFE / RL）、自由亞洲電台（RFA）和古巴廣播辦公室（Office of Cuba Broadcasting）等五個機構，其中有的係以非營利組織方式運作，不過與美國之音的決策模式差異不大。

即使如此，美國之音的編輯自主仍然受到法律保障，明文規定記者不受政府官員或政治人物的影響、壓力或報復。一九七六年，美國福特總統所簽署的《美國之音憲章》中一方面表明：「美國之音的新聞必須準確、客觀、全面。」另方面亦強調：「美國之音將平衡、全面地反映重要的美國思想和體制。……將清楚而有效地展示美國的政策，以及關於這些政策的負責任的討論和意見。」一九九四年，美國國會通過的《美國國際廣播法》亦要求美國之音的報導必須權威、準確、客觀、全面、平衡，並反映美國文化與社會多樣性。即使如此，相對於公媒運營型的國際媒體，美國之音被認為與美國政府的外交政策更為貼近。

國家的民主化程度無疑與媒體的獨立性存在密切關係。俄羅斯與中國皆為集權統治國家，其所設立的 **RT** 電視台（Russia Today）與 CGTN（China Global Television Network）皆屬於「政府喉舌型」媒體，不僅經費來自於政府，而且人事與內容皆受到政府直接控制。近期有關假訊息的諸多調查與研究皆顯示，**RT** 與 CGTN 不只訊息發布受到高度控制，甚至成為俄羅斯與中國認知作戰的一環，與其他國營媒體或網軍共同建構出嚴密的假訊息國際傳播生態系統。

由卡達王室資助成立的半島電視台（Al Jazeera），應該是與政府關係密切，卻具有相當獨立性的媒體特例。它在官網上明言自己是「阿拉伯世界第一個獨立新聞頻道」，相對的，其他「阿拉伯世界的媒體一直以國家控制的敘事為其特徵，剝奪了觀眾知的權利與被傾聽的權利」。不過，半島電視台的商營組織型態既與公共媒體有別，其部分經費來自卡達政府的財務模式亦不同於政治指導型的 VOA。若干研究者認為，被視為傳達阿拉伯世界觀點的半島電視台，其英文內容相對自主，有關阿拉伯語的報導則受到比較高的政治影響。

屬於公媒運營型的 TaiwanPlus，無疑在獨立自主的運作原則下，亦被賦予傳播台灣觀點的任務。台灣的國內外政治生態複雜而敏感，如何找到最適定位，的確實需要審慎研究與思量，亦需要經驗的累積與校正。公視接手此項國際傳播任務的時間，係第七屆董事會組成之後的第四週，而且，依據當時的協議，公視必須在既有的網路平台之外儘快設立電視頻道，可謂具相當程度挑戰性。最後在經管團隊及同仁努力之下，TaiwanPlus 不僅與中央通訊社順利完成工作交接，而且在接手之後不到四個月時間即誕生了電視頻道，雖然品質尚待強化，終究邁開了第一步。

三年期間，此一仿效其他國家由公共媒體承擔國際傳播作業的模式，有令人欣慰的進展，也有構成困擾的失誤。就前者而言，TaiwanPlus 除在美國大城市的三星級旅館上架之外，亦於歐洲的 VideoElephant、印度的 JioTV、馬來西亞的 MYTV Mana-Mana，以及新加坡的 EazieTV 等 OTT 平台上架。總影音觀看次數由二〇二二年的兩千兩百六十萬次，上升到二〇二四年的一億五千七百一十三萬次，成長近六倍。至於年度總觀看時數，亦由 44.5 萬小時上揚至 328.7 萬小時，漲幅約達 639%。其中，國際觀眾比率約為 95%。

不過，若干新聞爭議如有關美國總統選舉結果的新聞報導等，不只使政府補助預算遭到刪減，亦顯示內部同仁對於國際公共媒體的報導準則仍有認知差異，必須進一步強化組織體質，以期發揮更為成熟的國際傳播功能。台灣發展影音類國際傳播媒體的經驗相當有限，語言人才的基礎亦不如其他國家，TaiwanPlus 作為破天荒的開創者，其挑戰性可以想見。惟無論是進展或失誤，皆係 TaiwanPlus 邁向未來的寶貴資產，亦為突破現況、提升品質的最佳憑藉，值得深入檢視與研究，以利台灣在國際傳播工作上的永續發展。

個人於二〇〇五年擔任公視總經理時，曾在行政院支持下規劃國際英語頻道，並正式以特別預算案送立法院審查，惜該筆預算最後未能獲得通過。十六年後，TaiwanPlus 終於具體成形，雖然遲來，但台灣需要一個國際傳播平台來與國際對話的需求，只有增加，而未減少。對於承接此項任務的公共媒體而言，如何不斷提升 TaiwanPlus 的內容品質，擴大 TaiwanPlus 的傳播能量？允為無可迴避的責任，也是必須在變動不居的內外環境下持續思考的策略性課題。

附註：TaiwanPlus 頻道於二〇二一年十月三日開播，個人代表公視在開播儀式上致詞，謹錄於下，以為發展歷程之見證：

今天很高興能以台灣公共廣播電視集團董事長的身分，參與台灣第一個本國自製的全英語國際頻道 TaiwanPlus 的開播儀式。這個公廣集團大家庭的新成員，是 TaiwanPlus 團隊與公視同仁共同努力的成果，我們備感榮耀，更感到責任重大。

公共電視是在今（二〇二二）年六月十日承接TaiwanPlus的製作計劃，距離今天開播電視頻道不到四個月。我們深知，TaiwanPlus承擔台灣推動國際傳播的重要使命，希望讓國際社會更加認識台灣文化，理解台灣觀點。我們也深信，公共媒體是推動國際交流的最佳機制之一，例如英國BBC、日本NHK都負有國際傳播任務，公廣集團同樣自我期許，TaiwanPlus要讓世界走入台灣，讓台灣走向國際。

公廣集團多年來以高品質的節目引領台灣影視產業的發展，剛剛揭曉的第五十七屆金鐘獎入圍名單中，公廣集團共入圍一百二十項，再度居冠。不只證明公廣集團有能力扮演影視產業的活水角色，而且有機會藉由TaiwanPlus協助台灣影視產業推展國際交流，進而行銷全球。

感動國民、躍動國際，是公廣集團努力的目標。相信在公視專業且具公共精神的努力下，將可以進一步匯聚內部能量，攜手外部人才，讓TaiwanPlus的節目內容越來越豐富、越來越精彩。我們會持續挖掘這座島嶼的動人故事，展現台灣社會的多元風貌，進而連結全球，讓國際人士感受到台灣人民豐沛的生命力與奮鬥意志。

6.2

挑戰公視既有節目格局

INPUT 歡迎詞

從今天（二〇二三年五月十二日）開始，我國公視將進入高密度「國際連結」。全球公視及獨立製片業者每年最大規模的國際交流活動——INPUT，明天晚上起在台北世貿國際會議中心展開，並由今天上午各國公視高層主管參加的數位轉型研討會揭開序幕。

二〇〇六年，我在公視擔任總經理時，即有幸在同仁的爭取下，於台灣主辦了 INPUT 第一次在亞洲舉行的年會。此次回到公廣集團服務，又有幸主辦第二次在台灣舉行的年會，實在是「鴻運當頭」（也有人說是苦命連連）。

此次來台參加活動的國際影視產業人士已逾三百位，共有七十多部精選影片播映及討論，這些影片的重要製作人都要親身來到現場和其他專業人士交流，實在是台灣影視界吸取國際經驗、連結國際脈動的最佳場合。今早登場的國際研討會已是座無虛席，我們衷心希望能對台灣影視產業帶來正面的激盪效應。

以下是身為主辦單位負責人的我，在INPUT大會刊物所寫的歡迎詞：

每次觀賞INPUT精選出來的節目，我都會有很深的感動。部分原因在於它獨特而創新的形式，更多的是透過這些嶄新敘事形式所傳達出的動人故事，讓我對於人性與世界有了更多的理解與更深的關懷。

INPUT是全球公共電視與獨立製片的年度盛事，它將過去這一年中全球最具獨特性、衝擊性的電視節目內容集聚一堂，共同討論與交流，藉以挑戰公共電視的既有格局，開拓節目製作的創新可能。

在全球電視產業的發展上，公共電視不只是可信資訊的重要支柱，亦為節目創新的先驅者、領航者，而INPUT無疑是公共電視節目製作者及獨立製片工作者重要的養分來源。無論是每年五月在全球某個選定城市完整播放年度精彩作品的INPUT，或是之後在世界三十多個國家所舉辦的Mini-INPUT，都是電視專業工作者相互切磋的絕佳機會。

台灣的公共電視是第二次承辦INPUT，藉著這項活動，我們同時邀請多個國家的公視高層主管來台，就電視的未來舉辦高峰論壇。兩個活動不僅反映出台灣公視參與國際交流的高度意願，也是國際公共電視界對我國公共媒體的肯定及期許。

我要代表台灣的公視對來自各國的電視工作者表達歡迎之意，並感謝所有台灣的參與者。相信這幾天的精彩交流，一定會在我們的專業工作或人生旅途上留下深刻的印記。祝福大家擁有充實而愉快的心靈饗宴！

後記

世界公視大展於二〇二三年五月十六日晚舉辦週間晚會（Midweek Party），來自二十多個國家的影視人、公視人開懷交流、愉悅舞動，真是High翻了！。印象中，接待外賓的活動，從來沒有這般的熱情洋溢。

當然，做為東道主的台灣公視可是經過細緻規劃。許多外賓對於活動的安排、場地的選擇，以及會場的氣氛，都豎起大拇指，讚譽有加。看到台北地標一〇一大樓秀出「2023 INPUT in Taipei」的字樣，更是嘖嘖稱奇，紛紛拿起手機留下合影。

來自丹麥的外賓主動跟我談到台海情勢，對於台灣人民的生活鎮定及民主堅持印象深刻，更表示要回去呼籲丹麥政府支持台灣，我衷心表示感謝。

來自巴塞隆納電視台的外賓向我表示，他們將製作台灣特輯，讓當地的人民更加瞭解台灣的發展及價值。近來互動頻繁的日本NHK朋友，對於未來兩台的合作，更是表達積極的意向。……

有朋自遠方來，不亦樂乎！餐會上自然流露的真摯情誼令人感動。

（二〇二三年五月十二日／十七日）

6.3

以赤子之心揮舞想像力的翅膀

「台灣國際兒童影展」的規劃與做法

這兩天看了許多來自各國的高品質兒童節目，再度感覺台灣可以為兒童努力的地方實在很多。不少台灣家庭只要小孩有東西可看，卻不在意被「餵食」什麼樣的影視內容，也著實令人憂心。

公視每兩年主辦一次的「台灣國際兒童影展」（TICFF），前天（二〇二四年三月二十八日）正式開鑼。告別疫情期間的線上舉辦，今（二〇二四）年的影展不僅實體登場，而且還首次舉辦了國際交流論壇。

許多知名國際兒童影展的主辦單位及得獎的兒童節目製作團隊都來到台灣，在這兩天舉辦的論壇上熱心分享他們的製作心得，讓台灣的兒童節目製作業者不僅得到技能的交流，而且開闊視野，激盪出更多的想像力。

好幾位國際貴賓都告訴我，他們很高興能夠有這個機會到台灣來，分享他們製作兒童節目的台前幕後。他們同時也感受到台灣參與者的用心與熱情，這點很重要，因為製作兒童節目除了技術之外，最重要的就是熱情。用我們的話來說，就是「赤子之心」。

兩天論壇結束之後，我誠懇地向這些來台交流的國際友人表達謝意，因為台灣業界從中收穫良多。這些國際貴賓也回饋若干意見，甚至給予不少謬獎，備感欣慰。NHK日本賞的主辦者就特別稱讚台灣公視在推動業界技術發展及公眾參與上的用心，值得學習。

即使如此，對於台灣本土兒童節目的匱乏及品質的相對低落，心中仍不無感喟，希望今年八月即將開播的公視兒少頻道，能夠有助於此一問題的改善。台灣有許多家長關心子女的發展，這是事實，但主要關心所在多集中在有沒有好的學校可讀？能不能讓成績名列前茅？對於會深刻影響兒童生命成長的影視內容，似乎毫不在意。

身為家長，如果不知道什麼是好的兒童影視內容，那麼，我會強烈建議去看看剛開跑的台灣國際兒童影展，只要任選幾場影片觀賞，就可以瞭解原來兒童節目可以這麼樣的精彩及多元。以下內容節錄自我的影展開幕式致詞，有興趣的人可以更細緻的瞭解影展的規劃與做法：

公共電視自二〇〇四年開始舉辦 TICFF 台灣國際兒童影展，兩年一屆，到今年已經正式邁入第十一屆，也是第二十年。二十年來，我們很欣慰能為台灣的孩子們帶來各國的精彩作品，也讓孩子們能夠快樂、興奮的參與其中，成為他人生中的第一個影展，而且是一個充滿生命教育意涵的影展。

今年影展的主題是「我的英雄之旅」，希望邀請大、小朋友一同加入冒險，展現潛能！這場冒險，可以是跟著參展影片裡的主角展開冒險旅程，也可以是參加影展周邊的各種活動。我們除了在影展之前，有各項講座、工作坊與選片指南等活動之外，影展期間更在信義威秀廣場推出「踏上英雄雙旅程」及「寶貝英雄出任務啦！」等周邊活動，讓孩子有更多的機會探索自己，體驗冒險。另外，我們也和國家影視聽中心、府中十五合作企劃工作坊和特映場次，而我們的長期合作夥伴富邦文教基金會，也協助及贊助線上短片的播出。

本屆影展總共收到來自七十六個國家、一千一百多件報名作品，創下歷來徵件的新高紀錄。經過評審的篩選與策展人員的規劃，最後選出來自全球三十七個國家，八十四部優質作品，在影展的七個單元中推出，精彩可期！

今年除了新增的紀錄片競賽單元之外，為了納入更多元的觀點與視野，首次設置「兒童觀景窗特別推薦獎」與「影評暨電影KOL評審團獎」兩個會外賽獎項，讓全台小朋友和有興趣擔任影評的網路名人，都有機會參與評審的任務，提供廣泛的觀點。

此次影展最特別的一點，就是首次舉辦了國際交流論壇，邀請國際重要影展與獎項的代表，以及入選影片的製作團隊，針對製作重點進行深入交流。希望國內所有兒少內容的製作團隊，都能從論壇的分享中獲得啟發，進而把心得運用在後續的製作上，也希望這些未來的精彩作品，能夠透過公視將在今年八月推出的兒少頻道，介紹給國內的觀眾。

（二〇二四年三月三十日）

台灣文化魅力放送國際
《神木之森：阿里山森林鐵道紀行》首映會致詞

實在令人感動，雖然開場時下了雨，溫度也有些悶熱，但接近一千八百人仍然聚精會神的在自由廣場欣賞了一場由灣聲樂團演出的音樂會，以及由公視及NHK合製、全球首映的紀錄片：《神木之森：阿里山森林鐵道紀行》。

即將邁入第二十七個年頭的公視，昨晚（二〇二四年六月二十九日）跟金曲獎頒獎典禮「別苗頭」，在戶外舉辦了一部台日跨國合製紀錄片的首映會，兼為慶生活動。特別的是，這部以阿里山森林鐵道及其人文風情為題材的紀錄片，是全世界首度以8K超高畫質，結合22.2聲道收音技術所製作完成。

由於近期雷陣雨不停，籌備同仁莫不擔心這場戶外活動會受到雨神的干擾。據瞭解，不少同仁各自以他們的信仰方式，向老天做了祈求，也在籌備過程為下雨做了因應作業。結果，白天雖然「輕舟過了萬重山」，活動開場時還是下了小雨。同仁立刻將準備好的透明雨衣發給在場的觀眾們。

奇妙的是，許多同仁告訴我，儘管下了雨，但只有幾位觀眾離場，而且原先預備的一千八百個座位，也坐滿九成以上。雖然心裡對所有蒞臨的貴賓及公視的好朋友們感到不好意思，並在開場致詞時向大家致上歉意，但心裡真的是滿滿的感謝與感動。

其實，當同仁提出這項活動計劃時，我知道天候將是這場戶外活動的「天敵」，但同仁的用心籌備以及面對問題時的勇於因應，令我深深感動。這場活動的所有參與者，不論是政府官員、立法委員、企業負責人，或是索票蒞臨的公視之友與各界人士，不離不棄的相挺，更是讓我油然而生敬意。

昨晚的台北，綻放著無比的文化魅力！既然是值得記憶的活動，也就將我的開場致詞也留下來做個記憶吧！

我是公視身高最高的長工胡元輝，很高興在這個戶外廣場和大家一同參與《神木之森：阿里山森林鐵道紀行》紀錄片的首映會。為了讓大家透過不同的藝術形式欣賞阿里山之美，今晚，我們也特別邀請了藝術家吳哲宇與灣聲樂團在現場演出。各位的盛情參與，不僅是對藝術及影視工作者的鼓舞，也讓今晚的台北洋溢滿滿的文化魅力，我要代表公視對共襄盛舉的每位來賓致上誠摯的謝意。

阿里山森林鐵道是世界知名的高山鐵道之一，建造於日治時期，至今已有超過百年歷史。它不僅是重要的交通運輸工具，也是台灣珍貴的文化資產。這部紀錄片是由公視與 NHK 聯合製作，代表著台灣與日本在文化交流上的最新成果，也讓我們看見台灣對於文化資產保存的重視。

《神木之森》紀錄片最大的亮點，是全世界首度以 8K 超高畫質，結合 22.2 聲道的收音技術所完成。在台日雙方製作團隊的努力下，捕捉了阿里山森林鐵道的迷人風采，也走入沿途的小站，帶大家體會在地豐厚的人文風情。相信現場觀眾稍後會有彷彿置身於阿里山，親身走訪這段鐵道之旅的感受。

時間過得很快，七月一日就是公視開台二十六週年的日子，感謝許多觀眾長期以來對我們的愛護與陪伴，公視也會以內容與技術的持續創新來達成國人的期待。這次《神木之森》紀錄片的製作及播映不僅著力於 8K 的拍攝，並將轉播系統升級，導入 IP 遠端遙控製作技術，希望對國內電視產業的數位轉型及接軌國際有所貢獻。等會，大家就可以在現場與直播上看見這項成果，這也是我們對公視生日的獻禮。

最後，我們要衷心感謝文化部對於公共媒體的支持，農業部林業及自然保育署、阿里山林業鐵路及文化資產管理處在紀錄片製作上的鼎力協助，也要對公視與NHK團隊成員們致上敬意，因為有大家的攜手同心，這部紀錄片才能順利呈現在觀眾眼前。

「感動國民、躍動國際」是公廣集團許下的願景，期待這次跨國合製的連結，能夠帶給國人心靈感動、並將台灣的文化魅力放送國際。祝福大家今晚都能有個美好的文化體驗，吸收到滿滿的文化芬多精。謝謝！

（二〇二四年六月三十日）

附錄

我們需要一場公共想像運動！

長期以來，台灣存在一種病症，患者很多，但多數人都沒有感覺到它的存在，因為它沒有明顯的生理病痛，亦無立即的生命危險，所以大家都輕視它、忽略它。我把這種病稱為「公共失落症候群」，雖然患者往往無感，卻是十足的重症，病久了，不只自己遭殃，整個社會都會崩壞。

什麼是「公共失落症候群」？公共失落不是在說公德心的失落，而是公共空間、公共領域的失落。換言之，「公共失落症候群」，指的是我們因為失去公共空間或公共領域所引發的各種病症。那麼，什麼是公共空間或公共領域？或許可以先從公共廁所談起。

根據史料的考證，公共廁所發源甚早，隨著城市的發展，羅馬帝國的公廁已經有了頗為完整的排泄物處理系統，只不過，沒有現代的隱私觀念，大家一起如廁，中間沒有隔間。而中國周朝時候也已經在道路旁邊設置公廁，先秦時候的公廁，圍牆甚至高達十二尺以上。我非公共廁所的專家，也無意探討公共廁所的發展史，只是想藉著它來對公共設施的功能做點想像。

我們為什麼需要公共廁所？可以想像的到，如果沒有它，人類會有多不方便，因為人不可能整天待在家裡，一旦要加入公共生活就需要它的服務，而且是平等、普遍、低價，甚至免費的公共服務，不但任何人都可以享用，而且很容易找到，也不需要什麼費用。那麼誰來提供這樣的服務？儘管有些企業或個人願意提供，但如果沒有國家或政府介入處理，顯然我們不可能擁有完善的公共廁所系統。

這類的公共設施很多，我們很快地可以聯想到公共汽車、公園、公共圖書館、公共博物館等等，後面的兩個例子：圖書館與博物館，又似乎和公共廁所、公共汽車不完全一樣，因為它涉及我們的精神生活，是屬於知識與心靈的一種公共設施。想想看，為什麼我們需要這樣的公共設施？國家又為什麼要提供這樣的公共服務？

人是社會性動物，組成彼此依賴又分工協作的社會。究竟這個社會要如何運作？民主體制相信公共事務仰賴公眾的自我決定，也就是人民自治。但是要公眾能對公共事務做出成熟的抉擇卻仰賴公眾的素養，必須公民擁有充分的資訊與知識，方足以維繫自治的品質。所以我們不僅需要公共廁所、公共汽車這類的公共設施，還需要公共圖書館、公共博物館之類的服務。這類服務讓所有公民，無論是智愚賢不肖，也無論是有錢沒錢，都能在資訊、知識上武裝自己，並且得到心靈上的成長。

照理說，我們都應該理解並正視這類公共設施的必要性才對，不幸的是，其中有一項極為重要、至為基礎的公共服務卻被我們視而不見，甚至棄如敝屣。此一關鍵的公共設施不是別的，正是公共媒體，其中包括我們相對熟悉的公共電視。從某個意義來說，公共廁所、公共運輸這類公共設施如果不夠完善，頂多是對我們的生理需求或生活便利有所影響而已，但公共媒體如果不夠完善，代誌就大條了，因為它會使我們社會與國家賴以運作的自治基礎失去最重要的支柱。

公共媒體不只是平等、普遍、免費的公共服務，更重要的是，它是一個屬於人民的公共空間，一個自由、開放、多元的公共資訊空間，一個可以平等、公正、理性討論與辯論的公共領域（Public Sphere）。想想看，如果一個社會不能擁有這樣的空間或領域，那公共生活如何運作？民主制度又如何可能？政治思想家漢娜．鄂蘭（Hannah Arendt）曾經用桌子比喻公共領域的意義與重要性，想想看，民主社會中的人類如果各據一方，我行我素，甚至相互敵視而不能圍聚於一桌，平等且相互尊重的共商共議，最終何止是文明的停滯而已。

令人遺憾的是，身處台灣的我們雖然知道陽光、空氣與水的重要，進而願意挺身而出，捍衛呼吸清新空氣與飲用潔淨水質的權利，卻看不到健康資訊對一個國家與社會的重要性，以致公眾失去沉澱、思考與昇華的動力，我們的社會更陷入叫罵、仇視、對立的困境而難以前進。這就是我所說的「公共失落症候群」，正因為我們普遍患了這個病，所以，台灣已經淪落為一個「公共失落的島嶼」。

何以致之，因為我們被商品化的價值體系迷惘了、顛倒了，以為商業競爭中那一隻看不見的手一定可以創造出多元、公正而有品質的資訊生態，遺憾的是，台灣民眾享有的卻是所謂的媒體亂象與文化失調。這是市場決定論的迷思。另一個重要的原因則是我們被數位時代的樂觀主義給迷惘了、顛倒了，以為數位科技的快速發展可以為我們帶來沒有止盡與各取所需的資訊服務，不幸的是，台灣民眾享受到的卻是無盡的垃圾資訊、虛假資訊與貌似多元、實則貧乏的資訊大海。這是科技決定論的迷思。

有兩位學者一針見血的說出了這兩種迷思的癥結所在。一位是哈佛大學教授桑德爾（Michael J. Sandel），他意味深長的指出：「過去三十年來發生的最致命的變化，並非貪婪的增加，而是市場及市場價值已擴張到非其所屬的生活領域。……生命中某些美好的事物一旦被轉化為商品，就會淪於腐化或墮落。」這裡說的就是市場決定論的問題。而另位學者麥克切斯尼（Robert W. McChesney）則是批判了科技決定論忽略了政策與商業力量決定科技走向的事實，他不客氣的說：「科技魅力令人神往，網際網路的傳輸無遠弗屆，小小的行動電話可以成為虛擬的超級電腦。……有人相信只要網站不受監控，我們就能擺脫商業媒體，這些人簡直在做白日夢。」

說到這裡，或許有些人還不容易體會公共媒體的價值。請容許我舉幾個例子來做說明。英國的公視 BBC 是不少國人知道的公共媒體，由於它在數位服務上的貢獻，英國文化部長曾稱讚它是英國數位發展上受信賴的嚮導，而它每年數百億的影片授權收入及國際頻道的全球傳播，更具體提升了英國的國際形象與文化輸出能量。但英國 BBC 是由每個英國家庭繳費所支持的，二〇一七年，平均每人付出台幣約兩千三百多元的執照費給 BBC，合起來讓 BBC 擁有約一千五百五十多億台幣的運作經費。

我國公視儘管只有政府捐贈的九億元（註：此為演講時的狀態），加上其他來自於公私部門與個人捐贈等等的幾億元經費，但就在大家對國內影視產業失望、沮喪的時候，諸如《通靈少女》、《麻醉風暴》、《一把青》、《痞子英雄》及《我們與惡的距離》等等戲劇，還是給台灣戲劇維繫了希望。我在公視服務時，有鑑於東南亞新住民已日漸成為台灣社會的重要組成，曾經以一年時間推動各項有關於新住民的節目與活動，結果不僅成功提升社會對新住民的關懷，甚至開啟台灣引進東南亞影視內容的風潮，有助於多元文化與多元社會的推展。

同樣值得報告的是，當時所推動的公民新聞網站「PeoPo」，不僅打開台灣公民參與新聞產製的風氣，甚至有的報導還改變了國家的政策，例如苗栗大埔農地的徵收課題，就是在公民記者的報導下，引發媒體與政府的關注，進而讓政府宣布停止徵用，公民記者也成了商業雜誌的封面人物。可見只要給予公共媒體資源，它有機會成為國家與社會發展的火車頭，既可以為台灣建構一個強固的公共領域，衡平商業媒體的惡質競爭，也可以成為我國文化主體與影視內容發展的領頭羊，進而帶動台灣的國際傳播。

沒有遠大的公共想像，就沒有恢宏的公共媒體；沒有恢弘的公共媒體，就很難建構成熟的公民社會與民主體制。台灣，有讓全世界咋舌的媒體數量，卻沒有一個具規模的公共媒體。台灣，有名列世界前茅的媒體自由，但是我們的媒體生態卻讓人嫌厭。現在，正是台灣重建媒體地景的契機，問題是我們有沒有改變的決心。

今天，我們可以繼續在台灣罵媒體弱智、腦殘卻無所作為；我們也可以繼續以政治力量會介入、公共媒體無效率等等理由來反對公共媒體的想像與建構，但台灣媒體生態的健全化課題解決了嗎？台灣影視產業的崩壞問題解決了嗎？我們要繼續為自己的口腹之欲每天買一杯咖啡，卻不捨得為社會的健全發展付出一杯咖啡的費用嗎？我們要繼續一邊付費收看有線電視，一邊咒罵台灣電視不長進，卻又捨不得拿錢支持公共媒體嗎？染了「公共失落症候群」的我們，究竟還要持續多久才願意醒悟，並且邁開治病的步伐呢？

台灣的媒體生態乃至社會發展都已到變革的轉折點，我們能不能來做一個夢，大開大闔，打造我們對台灣媒體生態的新想像，而且是一個恢弘的新想像？這個想像至少包含以下幾個要點：

一、讓公共與商業媒體形成衡平的二元體制：彼此制衡，卻又相互補足；彼此競爭，卻又相互學習。這就需要政府與社會共同支持公共媒體的壯大。

二、讓多元類型的公共媒體得以完整建構：既包括公共電視之類由政府預算或人民付費支持的媒體，也包括非營利或低營利組織所推展的具公共精神的媒體，如各類型另類、獨立、社區、草根媒體等。對於公視之類的公共媒體，應透過符合時代需求的法制與足夠的財源給予支持，而民間的公共媒體系譜則需要政府透過獨立性質的基金，提供穩定的財務奧援。

三、讓公眾能夠參與公共媒體的建構與運作：公共媒體既然不是政府經營的媒體，就需要公民社會的參與及支持，因此公眾是否能持續關心公共媒體的發展，並以各種行動參與其中，不僅是理想媒體生態系統的充分條件，更是必要條件。

我曾經在一篇文章中這樣說：台灣，從許多層面觀察，都是一個「公共稀薄」的社會。我們所住的家，拚命想要擴張領域，加蓋也罷，路障也好，無非都是要把自己的勢力範圍延伸至更大的公共空間。……但在無形的「公共領域」上，台灣，其實顯得相當貧瘠。似乎，台灣人民生猛有力的一面都展現在個人成就的競逐，相對的，公共園地的耕耘卻乏人聞問。這篇文章的撰寫距今已經有十年了，但這份感概似乎還適用在媒體生態出現翻天覆地變化的今天。

在公共思維高度匱乏的台灣，的確，我們很難想像公共媒體的功能與價值。一九二七年，全世界第一個公共廣電系統 BBC 正式誕生之際，該協會的總經理雷斯（John Reith）曾經宣示：「我們已致力建立公共服務的傳統，並將廣電服務完全轉換為對人類的服務。」誠然，公共媒體對人類文明與社會發展影響至鉅，我們還能容忍台灣成為公共失落的島嶼嗎？就請大家共同攜手，推動一場公共想像運動，一場盛大且全民參與的公共想像運動！一起來「想像公共」，也一起來普及「公共想像」！

（本文整理自作者擔任 2018-TEDxProvidenceUniversity 講者的演講內容）

公視基金會第七屆董事會營運成果報告表

公視基金會每屆董事會組成之初，皆會就其任期制定願景、使命與目標等，據以推動相關營運作為。第七屆董事會成立之際亦凝聚共識，訂出三年目標及策略方針，本表就董事會組成後的三年營運狀況予以整理，以期具體印證營運成果，並供社會檢視。本表製作過程得到同仁協力提供資料，謹此致謝。

三年目標執行成果表

1. 推動公共電視法完成修法，奠定公廣集團發展所需之法制基礎。	• 公視董事會於二〇二三年一月通過《公共電視法》八項修法政策建議，送文化部作為修正公視法之參考。文化部參考公視修法建議後提出公視法修正草案，並於二〇二三年三月三十日經行政院會通過後送請立法院審議。立法院於二〇二三年五月二十六日三讀通過，總統府於二〇二三年六月二十一日頒布公視法修正案。解除禁錮長達二十三年的公視經費上限、修正董監事選任門檻為三分之二，並賦予國際及多元族群頻道明確法源等。
2. 加速數位轉型，公視＋成為國人最常使用的本土OTT影音平台。	• 「公視＋」影音串流平台於二〇二三年七月全新改版，訂閱數持續成長，二〇二四年較前一年成長15.65%，累積會員數達1,111,794人；總收視時數的成長率為32.55%，達691,732小時。

	• 二〇二四年十一月，「公視+」的訂閱會員正式突破百萬。檢視會員輪廓，有超過50%的會員年齡介於二十五到四十四歲之間，其中又以二十五到三十四歲的族群為最多，顯示「公視+」成功吸引台灣的年輕收視族群喜愛，與傳統電視頻道的觀眾群產生互補成效。 • 二〇二四年，公視YouTube訂閱數較二〇二三年成長24.81%，達1,760,782。 • 二〇二四年公視新聞網網頁瀏覽量較二〇二三年成長56.34%，達33,080,075次；新聞網YouTube總訂閱數成長率為28.31%，達393,610人。至二〇二五年二月底，網頁瀏覽量達四千六百餘萬次、新聞網YouTube總訂閱數超過四十萬，仍在持續成長中，已成為國人獲取真實資訊的重要平台。
3. 完成階段性組織再造，強化經營效能及數位管理機制。	• 二〇二二年八月十九日，董事會修正通過《臺語頻道台長遴選辦法》，確立臺語台台長遴選機制。二〇二三年八月二十一日，董事會通過《臺語台諮議委員會設置辦法》，確立臺語台作為族群服務的諮議體制。 • 二〇二三年一月一日，公視成立數位內容部，積極推動數位轉型。除運用公視節目與片庫資源強化策展外，並自製網路原生節目。 • 客家電視台於二〇二三年二月於行銷企劃部新增數位發展組，執行客台數位平台之營運管理與數位內容之開發、推廣，並期透過新媒體科技，落實觀眾之媒體近用權。 • 二〇二三年九月一日，公視成立跨部門AI創新應用專案小組，推動各項AI應用如圖像設計，並導入AI輔助行政管理。同日，公視率國內媒體之先，發布AI使用準則，做為集團成員內部運用相關技術與工具的依循原則。 • 二〇二四年一月十九日，董事會通過提撥特別預算，成立跨部門任務編組，進行公視成立以來最大幅度數位片庫及節目管理系統改造工程，並導入企業資源規劃（ERP）成為組織智慧運營之核心平台。

4. 樹立新聞生態標竿，公廣集團的頻道及平台成為各收視族群最信賴的媒體品牌。	• 二〇二二、二〇二三及二〇二四年新聞獎入圍數分別為二十四、十七、十六項，得獎數分別為七、六、七項。 • 根據牛津大學路透新聞研究中心調查顯示，二〇二二、二〇二三及二〇二四年，公視皆為台灣最受信任的電視媒體，分別為53%、55%及58%。二〇二三年的信任度亦為所有媒體之冠。
5. 扮演影視產業活水，公廣集團帶動台灣影視產業走出新路，耀眼國際。	• 公廣集團金鐘獎入圍與得獎數持續居高，二〇二二年入圍一百二十項，得獎二十一項；二〇二三年入圍一百一十八項，得獎二十一項；二〇二四年入圍數為破歷史紀錄的一百二十八項，得獎二十七項。 • 公廣集團國外入圍與得獎數亦持續提升，二〇二二年入圍七十五項，得獎十三項；二〇二三年入圍一百五十六項，得獎五十六項；二〇二四年入圍一百三十九項，得獎五十三項。 • 《人選之人》於二〇二三年四月二十八日在Netflix平台全球播映，將臺灣的民主選舉文化推向國際。劇中討論的性別平權議題，除讓國際觀眾感受到台灣這塊土地的多元價值外，甚至引發國內廣泛的MeToo效應。除了華語世界，此劇在播出時還收到來自英國、美國、韓國、泰國、日本的推薦與盛讚。南韓議員朴江山甚至認為此劇比韓國律政劇「造后者」還好看。 • 《聽海湧》為台劇罕見二戰主題的時代迷你劇集，共五集。本劇於二〇二四年榮獲歐洲最大影集展「法國里爾 Series Mania 劇集展」肯定，為台灣首部入圍國際全景單元競賽作品，並於同年三月十八日於里爾舉行全球首映。本劇亦入圍二〇二五美國紐約電視獎（New York Festivals - TV & Film Awards）特別戲劇節目類，受到國際廣泛肯定。 • 二〇二二年十二月十六日，公視董事會通過新增特別預算，推動「紀錄觀點 3.0」專案。在該筆經費支持下，二〇二三年即通過十八部本國／合製新案，電視首播之本國新片（含委製、購片）亦達十八部，皆創下節目開播二十四年之新高片量。二〇二四年，公視支持製播的紀錄片在國內外競賽大放異彩，總計有七部委製及合製片入圍台灣國際

	紀錄片影展（TIDF），其中《公園》獲台灣競賽及亞洲視野競賽首獎，並榮獲阿姆斯特丹國際紀錄片影展的傑出藝術貢獻獎；《由島至島》則獲金馬獎最佳紀錄片及台北電影節百萬首獎。
6. 平衡台灣區域發展，公廣集團南部製作中心成為南台灣影視產業發展的關鍵基地。	• 二〇二二年七月十五日，董事會通過修正《臺語頻道組織規程》，設立南部中心，並下設新聞組、節目製作組。二〇二四年二月二十二日，董事會通過《臺語頻道組織規程》修正為《臺語台組織規程》，並調整南部中心原新聞組、節目製作組編制，改設新聞群、節目群、製作群。 • 二〇二三年六月三日，公廣集團南部中心在高雄正式啓用，實質投入製播資源，鼓動南方文化新潮，以期逐步衡平台灣影視生態的地域落差。其中，臺語台匯聚各方資源，第一年即投入一億三千七百四十二萬的預算，開展多元節目在地製作，並發揮公眾近用的媒體功能。
7. 提升多元族群服務，其中臺語台與客家台成為多元文化數位服務的第一品牌。	• 臺語台官方 YT（截至二〇二五年三月（訂閱逾十萬人。二〇二二至二〇二四年共累計逾一千六百萬觀看次數，觀看時間逾兩百萬小時，期間訂閱人數增加六萬人。FB 官方粉專（截至二〇二五年三月）追蹤粉絲逾二十萬人，每月平均瀏覽次數逾四百萬次，觸及人數逾一百萬人。 • 客家電視台持續透過新媒體服務擴大接觸民眾，統計官網、YouTube、OTT、FB 等之瀏覽人次，二〇二二年為 15,784,103 人、二〇二三年為 16,358,746 人，二〇二四年達 22,079,113 人次，創歷史高峰。 • 二〇二三年四月倍增篇幅的公視《東南亞語新聞》（泰語、越南語、印尼語），迄至二〇二五年三月，三語新聞於 YouTube 已累積兩千三百餘萬觀看次數。泰語、越南語、印尼語 FB 粉專於二〇二四年第四季表現，「總影響力分數」在公視所有節目中排名第五、六、七。「平均影響力」排名第八、九、十四。

8. 建構國際傳播網絡，TaiwanPlus 成為具國際影響力的媒體品牌。	• 台灣首個向國際發聲的全英語平台 TaiwanPlus，於二〇二二年六月十日轉由公視基金會負責。近四個月後的十月三日，TaiwanPlus 電視頻道正式開播。二〇二三年六月公布實施的新版公共電視法，將「國際傳播服務及交流」列入公視的法定業務，TaiwanPlus 從此正式成為台灣公廣集團的成員。 • TaiwanPlus 頻道於二〇二三年八月開始在美國大城市的三星級以上旅館上架，其後陸續於歐洲 VideoElephant、印度 JioTV、馬來西亞 MYTV Mana-Mana，以及新加坡 EazieTV 等 OTT 平台上架。總影音觀看次數由二〇二二年的兩千兩百六十萬次，上升至二〇二四年的一億五千七百一十三萬次，成長近六倍。年度總觀看時數亦由 44.5 萬小時成長至 328.7 萬小時，漲幅約達 639%。其中，國際觀眾比率約為 95%。

策略方針執行成果表

1. 凝聚並提出本會關於公視法修法意見，營造修法的有利環境與社會支持。	• 二〇二二年十月二十一日，董事會決議成立「公共電視法研修小組」，徵詢內外部意見，並籲請相關學術與公民團體關注修法作業。 • 二〇二三年一月十二日，董事會通過研修小組提報之《公共電視法》八項修法的政策建議方向，供政府與社會參考，並呼籲行政院儘速將公視法修正案送立法院審議，立法院儘速展開與完成修法作業。相關建議與行動獲政府部門重視，行政院於二〇二三年三月三十日通過《公共電視法》部分條文修正草案，送請立法院審議。立法院於不到兩個月時間的五月二十六日三讀通過修正案，乃睽違十三年的首次修正。

2. 開拓財源、整合資源，挹注內容產製，包括發展異業／同業多型態策略合作模式，引導產業資金進場。	• 公視與電信業者開展策略合作，多部公視旗艦級劇集的合資方皆成功結合電信業資金，且敲響金鐘，例如你的婚姻不是你的婚姻（遠傳電信）、牛車來去（中華電信）、不夠善良的我們（台哥大）、化外之醫（中華電信）等。 • 近三年，公視結合政府、電信業者、影視業者及科技公司資金，產製具國際競爭力及台灣文化內涵的優質影視作品，總計獲補助或合資資金逾新台幣 5.1 億元，成績耀眼。 • 透過影音版權與 IP 衍生授權，將公視、客台、臺語台作品行銷海內外，提升自籌款收入。目前已將多部叫好叫座的熱門優質台劇，帶往國內外知名的影音串流平台，如 Netflix、韓國 IMBC 平台、馬來西亞 Astro 等。二〇二四年版權銷售收入為一億七千多萬元，較二〇二三年增加逾 40%，成長可觀。 • 持續透過創新策略，爭取小額、企業募款及業外合作等自籌收入，二〇二二年收入計 122,841,701 元，二〇二三年計 117,781,918 元，二〇二四年計 144,436,283 元。
3. 強化集團成員彼此之間的策略合作與資源整合，發揮集團整合綜效。	• 節目合製與合作：公視、原住民族電視台、客家電視台、公視臺語台聯合製作優質幼兒戶外紀實節目《WAWA 哇！》，入圍金鐘獎等多個獎項。華視與臺語台合製《火車來去》、《無罪推定》、《勇氣家族》、《孔雀魚》、《成功路上》、《拜六禮拜》等精緻台語劇，贏得觀眾口碑。此外，公視與華視亦攜手合作「二〇二四巴黎奧運」的全方位電視轉播服務，達成公共服務與創造營收的雙重目標。 • 新聞合作：公廣集團於日常合作之外，強化專案合作，如於二〇二四總統選舉進行聯合開票報導作業等。 • 資源整合：公廣集團成員強化空間、設備等的緊密合作，創造互利互惠成果，如 TaiwanPlus、臺語台、小公視皆租用華視攝影棚來製播節目，TaiwanPlus 部分單位亦於華視大樓租用辦公室。此外，公視佈建國際記者網絡，亦作為集團成員的共享資源。

4. 開發本土IP，創造多元應用。	• 旗艦級本土戲劇IP《化外之醫》成功結合越南文化元素，在越南串流平台「K+」播出之際，獲得社會熱情迴響。K+及連炳發粉絲團於河內、胡志明市共四個百貨公司播放中大型LED大螢幕廣告、及戶外分隔島電子廣告，成功將台灣本土IP帶到越南。 • 《我們與惡的距離I》授權台灣劇場改編成舞台劇，另已授權韓國改編成影集。日本亦爭取改編成五集，洽談中。《火神的眼淚》授權台灣劇場改編成音樂舞台劇，即將上演。 • 公視經典古典音樂IP《古典魔力客》，於小公視頻道成立後授權開發全新版本。二〇二四年新版本《古典魔力客－音樂的時光之旅》，節目風格轉變為符合當代兒童的視聽習慣，既喚回老觀眾的回憶，也成功吸引新一代孩子關注古典音樂。 • 二〇二四年兒童節，《妖果小學》動畫IP授權如果兒童劇團，共推二十四場「妖果嗨翻天」舞台劇，以匯聚妖果IP動畫能量，近三千名觀眾共同進場觀賞。 • 積極推動跨域數位科技藝術創作，將本土IP以VR形式推向全球。例如於二〇二三年邀請名導演陳芯宜改編作家吳明益小說，合製VR影片《雲在兩千米》，描述追尋雲豹的故事。期藉由本土IP結合新科技之多元應用，找到彼此呼應的切入點。 • 積極擴展IP授權文創商品與公視聯名商品的多樣性，其中各類與台灣意象連結的產品，廣獲好評。例如二〇二四年台日合作的8K影視作品「神木之森」，即轉化出諸多具有台灣神木意象的檜木精油、檜木球、高山茶，以及紀念油畫等文創聯名商品。
5. 製作具台灣特色之科普、媒體素養等教育性節目，建立兒童與青少年學習領域的領導地位。	• 二〇二四年八月十三日起，公視三台轉型為公視兒少台《小公視PTX XS》，揭開台灣兒少影視內容服務新頁。截至二〇二四年十二月底，品牌活動於線上總曝光數達一千萬次，社群總觸及數達五百萬次。《小公視》在YouTube的瀏覽量亦顯著成長，專頻與旗下多項兒少節目頻道的觀看分鐘數，從二〇二四年九月的3,788,490，上升到二〇二五年一月的6,587,604，成長幅度達74%。同期間，《小公視》專頻之觀看次數由1,454,509，增加到1,962,263，成長幅度達35%。

- 二〇二二年八月，《公視兒少教育資源網》正式問世。截至二〇二五年二月底，計提供一千八百零九部無廣告影音作品，完成十六份自傷教材包，以及一百三十四份生命教育教案、六十六份人權議題教案、十三份多套桌遊教學回饋教案、十二份交通安全教案、七份海洋教育教案，另有十份動畫故事教案和二十份妖果動一動教案，共計兩百七十八份教案，訪客總數達 **511,602** 人次，已成為教師在相關議題教學上的極佳幫手。
- 公視＋ **OTT** 服務提供多樣化親子內容，每個月都有相應的亮點節目策展安排，節目觀看時間逐月成長，二〇二四年十一月，已逾七十萬分鐘。公視＋並於二〇二四年八月推出親子鎖功能，方便家長篩選適合兒童的節目。根據市調機構「創市際」發表的「二〇二四年影視 **OTT** 串流服務滿意度調查」報告顯示，「公視＋」係提供最豐富兒少頻道的 **OTT** 串流平台。
- 二〇二四年三、四月間舉辦 **TICFF** 台灣國際兒童影展，共收到來自七十六個國家、一千一百多件報名作品，創下歷來徵件的新高紀錄。
- 台灣少數為十三到十八歲青少年量身打造的跨平台節目《青春發言人》，於二〇二五年製作面向多元的 **AI** 專題，內容包含辨識假訊息的媒體素養與 **AI** 交友等青少年關心的重要議題。此外，從「災防」、「科普」兩個角度切入的新製青少年實境節目－《鹹魚小隊》，則以「青少年挑戰災難任務」為主軸，帶領觀眾從不同角度瞭解戰爭和不同災難的應對措施，協助青少年學習相關科普知識。
- 二〇二四年六月，公視兒少教育資源網於澎湖虎井國小舉辦研習活動，導入小公視媒體素養教育片單，同時啟動「二〇二五小公視 x 媒體素養專案」企劃，結合媒體素養議題與校園常見情境故事，促使媒體素養順利融入各學科，成功轉化為可實踐並充滿趣味的學習歷程。

	• 公視參與二〇二四年十月舉辦之全國性媒體素養週活動，並為媒體協辦單位。除於台北科教館舉辦講座、工作坊及影片放映外，並在網路及電視頻道上規劃媒體素養影展，讓有心教學的教師及有興趣學習的大眾都能很方便的使用這些素材。
6. 爭取提高臺語台、客家台經費，強化其數位服務，並提升內容產製的品質。	• 在政府預算支持下，臺語台與客家台經費已獲顯著提升。二〇二二至二〇二四年，臺語台年度預算為 3.363 億、6.35 億、8.09 億；客家台為 3.9 億、6.175 億、5.7 億。二〇二三年起，歷年經費皆較二〇二二年成長接近一半或一半以上。 • 臺語台為活化各領域之台語新舊詞彙而成立之台語新詞辭庫網站，至二〇二四年底為止，已由台語專家組成之台語新詞委員會建議超過兩千個詞彙用法，目前已上架（含讀音檔、例句）超過一千五百個詞彙。 • 臺語台於二〇二四年八月一日成立《DAYDAY 臺語台 YouTube 頻道》，開台前七個月共上架逾五百支影片，曝光總次數超過七千萬、頻道總觀看一千一百三十五萬、訂閱數 6.3 萬，創下公視臺語台開台至今 YouTube 頻道收益最高紀錄。 • 客家電視台宣傳二十週年相關系列影片和「客家製躁 Make Some Noise」演唱會相關影片的觀看，點閱率超過十萬次。二〇二四年臺韓首度合製節目《廚師的迫降：客家廚房》，累積 27.7 萬次觀看，大幅提升頻道熱度。
7. 強化製播多語言、多族群新聞與節目，展現公共媒體的多元價值與公共性優勢。	• 近三年來，公視推出多部以新住民為主題的戲劇節目，包括涉及原住民、外籍移工的台灣原創文學改編作品：「八尺門的辯護人」；以在台打黑工的越南醫師為軸線，展現外籍移工生活實況的《The Outlaw Doctor 化外之醫》；描述在色情養生館工作的越南新住民身心靈處境的公視人生劇展「彈味中的嬰孩」等。此外，公視亦持續引進東南亞當地熱播連續劇，如《天生一對（泰國）》、《雅加達小情歌（印尼）》及《腥紅山莊（越南）》等，皆引起東南亞新住民不少的討論。

- 公視原住民節目《行走TIT》，自二〇一七年開播至二〇二五年三月二十二日，已經走進十六族、四百多個部落，報導祭典儀式、藝術文創、傳統市場、部落就業、族群權益等多元議題。
- 由公視、臺語台、客家電視台及原民台共同製作的幼兒戶外紀實節目「WAWA哇！」，於二〇二三年三月七日首播，鼓勵幼兒走到戶外，累積想像力、解決問題的能力、自我修復、尋找快樂的能力。
- 小公視於〇二四年十二月五日首播新住民母語學習節目「越來越嗖鯊」，是國內首個專為兒童觀眾製作的越南語學習節目。
- 公視《東南亞語新聞》（泰語、越南語、印尼語）於二〇二三年四月進行改版，每日節目篇幅增倍，亦轉型為由新住民主播播報，以提供更豐富、更貼切的資訊內容。
- 公視《誰來晚餐》節目每季皆以一定篇幅報導多元族群的家庭故事，了解這些家庭在當代的處境以及對台灣的貢獻。近三年觸及的家庭包括：越南移工家庭、印尼新二代家庭、烏克蘭新住民、香港移民家庭、原住民家庭（包括鄒族、泰雅、阿美、布農、賽德克等族）、德國移居台灣的家庭等。
- 《公視主題之夜SHOW》近三年在多元族群的主題上，探討過香港移民在台處境、原住民女性的當代處境；此外，在跨性別族群／身心障礙族群／次文化族群方面，也發展不同的集次來關注探討。
- 《臺語台》〈文化相放伴〉節目探討不少平埔族群的西拉雅、大武壠等夜祭，深入介紹平埔族的民俗風土特色，從中讓大眾認識原漢之間的文化差異。〈文學跳曼波〉節目則介紹原住民及客家文學，透過文學作品中的族群與土地書寫，傳遞島內多元的多樣性與異質性，以增進族群間的彼此尊重與認同；另，新聞節目〈新聞看南風〉經常關注「失聯移工的困境」，深入探討移工議題。

	• 客家電視台於二○二二年九月將「客家小學堂」網站結合一○八課綱，提供對應教育部編教材之客語學習影音資源。二○二二年十月二十八日，推出 Podcast 節目《劇透客語》，帶聽眾從戲劇認識客語，並榮獲第五十九屆廣播金鐘獎生活風格節目主持人獎。二○二四年九月二十八日，推出高擬真 AI 主播「阿頻妹」與「阿賢牯」主持《AI 主播講天時》。 • 「公視＋」串流影音平台在明顯位置設計臺語台和客語台的專列，以利觀眾收看，並運用數位行銷之特性，針對不同年齡層，不同興趣標籤之收視族群，推薦本土語言的優質節目。
8. 推動數位優先、員工為本的組織改造及教育訓練，並擴大數位內容及服務的資源配置。	• 二○二二年十二月十六日，董事會通過新增數位內容部三年特別預算一億五千萬元，積極推動數位轉型。 • 二○二三年一月十七日，公視內部學習平台 PTS School 上線，目前累計線上學習影音數為八十九支（八十九堂課）。二○二二年課程合計總長度為三十四時三十八分，二○二三年課程合計總長度為五十時十分，二○二四年課程合計總長度為六十時四十七分。二○二二至二○二四年課程合計總長度達一百四十五時三十五分。
9. 增加公廣集團新聞資訊產製的資源投入，特別是數位服務的經費與人力。	• 二○二二至二○二四年推動「公視新聞網二階段優化計畫」，二○二二年六月十七日，董事會通過修正公視基金會組織規程，於新聞部增設「網路新聞組」，以常設性組織推動數位新聞，擴大數位新聞服務。 • 二○二二年十二月十六日，董事會通過提撥特別預算，二○二三年五月正式啟動國際記者專案，於全球建置國際記者網絡，迄二○二四年底已部署十四處駐點，包括：美國（華府、洛杉磯、矽谷）、法國巴黎、英國倫敦、義大利佛羅倫斯、荷蘭格羅寧根、捷克布拉格、烏克蘭基輔、日本東京、韓國首爾、馬來西亞（檳城、吉隆坡）及泰緬邊境等，並在許多國際重大事件中，取得第一手及台灣視角的觀察。

10. 擴大公視+平台規模，以多元、動態的營運模式，擴大平台觸及率與影響力。	•「公視+」影音串流平台於二〇二三年七月二十五日正式推出全新的網站服務與 CIS 企業識別系統，包括推出「多語字幕」、「多語發音」功能，全新首頁隨點隨播，以及增加「推薦類似節目」及「熱播排行榜」等服務。此外，並規劃一千五百個小時、豐富的影視內容，主推「親子家庭」專區，提供全台唯一「親子共賞分齡」服務，以及親子專屬直播服務，打造一個讓家長放心、孩子開心的影音平台。 •「公視+」於二〇二四年初推出兒少主題內容的 FAST TV，二〇二五年一月推出 Android TV APP 服務，以期更貼近國人媒體使用習慣，擴大集團製作內容的觸及面。
11. 強化 PeoPo 公民新聞平台的社區連結，成為地方公共利益資訊的樞紐。	• PeoPo 持續於各地進行宣傳與教育訓練活動，迄二〇二五年三月，PeoPo 公民記者人數已累積超過一萬三千人，平台上的報導亦達二十萬則以上。 • 二〇二四年底，PeoPo 進行改版升級，新創新聞專題頁面，讓議題和組織單位的報導更聚焦，另外，提昇視覺使用和增加字幕等功能，讓影像產製更輕鬆上手。
12. 深化公眾參與，開展內容產製、決策諮詢的線上參與機制。	•「公視與您面對面」的公眾意見諮詢活動，在實體座談之外，自二〇二三年起增加線上諮詢，以期更廣泛、更直接的讓公眾參與公視決策。二〇二三年共計舉辦五場公共問責座談會，其中於二〇二三年十一月二十九日舉辦了一場無實體、純粹線上交流之「公視兒少 奔放前行」公共問責座談會，迴響熱烈。二〇二四年共計舉辦六場公共問責座談會，其中於十二月十三日舉辦之「公視與您面對面」年終線上座談會，亦獲得參與者的熱烈交流。 • 推動「公視在地夥伴計畫」，透過與獨立書店的深度合作，讓公視與在地的人事物產生更美好的連結。

13. 擴大與全球公共媒體的交流，互相取經，並發展合作關係。	• 公視主辦國際影展與論壇，建立國際同業交流管道。二〇二四年臺灣國際兒童影展首度線上與實體跨平台舉辦，二〇二三年五月，公視承辦全球公視及獨立製片業者每年最大規模的國際交流活動——INPUT（世界公視大展），並於會前舉辦數位轉型國際研討會，邀請各國公視高層主管分享經驗與交流。總計有來自全球逾三百位國際影視產業人士參與。 • 公視積極參與國際公共媒體組織，並成為組織決策成員。包括公視總經理徐秋華自二〇二三年起獲邀加入公共媒體聯盟（PMA）董事會擔任董事；國際暨策略發展部資深製作人施悅文於二〇二三年受邀加入世界公視大展（INPUT）董事會；國際暨策略發展部國際傳播組組長郭菀玲於二〇二四年起，獲邀加入德國慕尼黑兒少影展諮詢委員會，擔任諮詢委員。 • 客台於二〇二三年十一月六日舉辦國際族群媒體高峰會，邀請紐西蘭毛利電視台、挪威薩米電視台等全球重要族群媒體高階主管，共同探討族群媒體的現況與未來發展，係臺灣首次以族群媒體為主體的影視論壇。 • 公視與NHK展開多元合作，二〇二四年六月二十九日，於自由廣場戶外首映8K合製紀錄片：《神木之森：阿里山森林鐵道紀行》。雙方並進行《航向太空・台灣特輯》、《自然之約：台灣新里山》、《騎鐵馬遊台灣》等紀錄片合製案。
14. 順應世界局勢變化，製播相關節目提升國人之國際觀。	• 為提升國人對國際局勢的了解，《公視主題之夜SHOW》以國際購片（電影或紀錄片），讓國人了解國際重要議題在全球各地的展現，或該主題在各國電影創作上的思辨與詮釋。並加上公視自製之多元公民論壇實境秀，以用腳投票、談話圈、角色扮演、桌遊等形式，深入探討國內外重要議題。

- 二〇二三年董事會通過特別預算，由新聞部執行「國際記者」專案。二〇二三年四月十一日第一位特約記者，從韓國發出第一則新聞，迄至二〇二五年三月十五日止，全球共有十四名國際記者，發稿量已達三百四十二則。重要內容包括：台積電歐洲布局、美國總統大選觀察、英國國會選舉、韓國政局動盪等國際形勢觀察報導，成果裴然，提供英美通訊社以外的新聞來源，增廣國人國際視野。
- 公視《獨立特派員》節目和泰國的國際記者合作，深入緬甸叢林，獨家採訪與緬甸軍政府交戰的「猛虎部隊」，記錄反抗軍訓練過程，更親赴火線拍攝交戰實況，完成「緬甸煙硝」深度報導，於二〇二四年一月推出，獲卓越新聞獎肯定。此外，《獨立特派員》亦親赴烏克蘭基輔、布查市、哈爾基夫州，帶國人了解烏克蘭一般民眾如何面對戰爭並起身應戰。
- 公視《東南亞語新聞》前往越南，製作「湄公河上的台灣島」、「越南移工的跨國勞動方程式」兩大專題，讓國人更深入理解新住民和移工的母國文化，進而思索台灣和東南亞的相關性。
- 客家電視台《聚焦國際》節目深度剖析國際局勢，二〇二二年二月烏俄戰爭爆發後，節目持續關注其對國際政治與經濟層面的影響。
- 《小〇事件簿》於二〇二三年，針對歷時一週年的烏俄戰爭，企劃六集特別節目，透過不同形式讓青少年討論戰爭帶來的傷痛與反省。不只兒童觀點，節目也邀請了三組親子，針對「台灣如果也發生戰爭」進行討論，比對台灣與烏克蘭的經驗，思索戰爭發生時的家庭因應行動。本系列其中一集節目於二〇二四榮獲加拿大班芙影展最佳青少年節目，亦入選全球公視INPUT影展。

國家圖書館出版品預行編目（CIP）資料
破框與深根：下世代公共媒體的想像與實踐/胡元輝著. -- 初版. -- 高雄市：巨流圖書股份有限公司, 2025.05
面；　公分. -- (卓越新聞獎；28)
ISBN 978-957-732-734-5(平裝)
1.CST: 公共電視 2.CST: 新聞媒體 3.CST: 電視經營管理
557.77　　114002998

破框與深根：下世代公共媒體的想像與實踐

卓越新聞獎 28

作　　者　胡元輝
發 行 人　楊曉華
編　　輯　林瑜璇
封面設計　黃士豪
內文排版　徐慶鐘

出 版 者　巨流圖書股份有限公司
802019 高雄市苓雅區五福一路 57 號 2 樓之 2
電話：07-2265267
傳真：07-2233073
購書專線：07-2265267 轉 236
E-mail：order1@liwen.com.tw
LINE ID：@sxs1780d
線上購書：https://www.chuliu.com.tw/
臺北分公司　100003 臺北市中正區重慶南路一段 57 號 10 樓之 12
電話：02-29222396
傳真：02-29220464
法律顧問　林廷隆律師
電話：02-29658212

刷　　次　初版一刷．2025 年 5 月
定　　價　480 元
I S B N　978-957-732-734-5（平裝）

Excellent
卓越新聞獎 28

CHULIU
PUBLISHER